Marius Naha

Diagrammes de collaboration UML

Marius Naha

Diagrammes de collaboration UML

Génération de séquences de test : implémentation et évaluation

Presses Académiques Francophones

Impressum / Mentions légales
Bibliografische Information der Deutschen Nationalbibliothek: Die Deutsche Nationalbibliothek verzeichnet diese Publikation in der Deutschen Nationalbibliografie; detaillierte bibliografische Daten sind im Internet über http://dnb.d-nb.de abrufbar.

Information bibliographique publiée par la Deutsche Nationalbibliothek: La Deutsche Nationalbibliothek inscrit cette publication à la Deutsche Nationalbibliografie; des données bibliographiques détaillées sont disponibles sur internet à l'adresse http://dnb.d-nb.de.

Coverbild / Photo de couverture: www.ingimage.com

Verlag / Editeur:
Presses Académiques Francophones
ist ein Imprint der / est une marque déposée de
OmniScriptum GmbH & Co. KG
Heinrich-Böcking-Str. 6-8, 66121 Saarbrücken, Deutschland / Allemagne
Email: info@presses-academiques.com

Herstellung: siehe letzte Seite /
Impression: voir la dernière page
ISBN: 978-3-8416-2760-5

DÉDICACES

Je dédie ce mémoire

À mes chers parents Naha Bapou Alain et Antoinette Monson Assohou pour leur soutien, leurs sacrifices et tout l'amour qu'ils m'ont apporté.

À mon petit frère Aristide Naha pour tout son soutien.

À tous mes amis qui ont su me supporter et m'encourager dans mes moments difficiles.

À mes directeurs de recherche Mourad Badri et Linda Badri qui ont été plus que des directeurs de recherche pour moi.

Remerciements

Je remercie tout d'abord Dieu Tout-Puissant pour sa bienveillance, son soutien et l'amour qu'Il m'a apporté.

Je suis particulièrement reconnaissant à Mourad Badri et Linda Badri qui m'ont accueilli au sein de leur équipe et soutenu tout le long de ma maîtrise. Je les remercie d'avoir fait de ces années de maîtrise des années enrichissantes.

Je remercie chaleureusement Chantal Lessard qui a su mettre de la vie dans la réalisation de ce mémoire ainsi que tous les membres du Département de mathématiques et informatique.

Je ne peux remercier toutes ces personnes sans mentionner mes parents, mes frères et sœurs, ces personnes chères à mes yeux qui m'ont apporté tout ce dont j'avais besoin pour une bonne réussite : confiance, amour et amitié.

GÉNÉRATION DE SÉQUENCES DE TEST À PARTIR DES DIAGRAMMES DE COLLABORATION UML : IMPLÉMENTATION ET ÉVALUATION

Sommaire

Dans les systèmes orientés objet, les objets interagissent pour implémenter le comportement. Les diagrammes de collaboration UML permettent de modéliser les interactions dynamiques entre un groupe d'objets collaborant pour la réalisation d'un cas d'utilisation ou d'une opération complexe d'un objet. Ils décrivent, par ailleurs, les différents rôles que jouent les objets lors de l'exécution d'une tâche donnée. Ils permettent aussi de décrire les relations existantes entre les objets. Il est donc important, lors de l'implémentation, que toutes les informations contenues dans les diagrammes de collaboration soient préservées. Les diagrammes de collaboration supportent essentiellement la réalisation des cas d'utilisation définis lors de la phase d'analyse des besoins. Un cas d'utilisation est une transaction générique nécessitant souvent plusieurs échanges. Il permet de saisir, à un haut niveau, les fonctionnalités d'un système. Les cas d'utilisation, tout comme les diagrammes de collaboration, peuvent être utilisés durant le processus de test et constituent une source de données et un support intéressant pour la génération de cas de test. La génération de cas de test basée sur les spécifications décrites dans les diagrammes de collaboration constituait, au début de ce travail de recherche, une piste intéressante et peu exploitée.

Ce mémoire présente, essentiellement, l'implémentation d'une méthodologie pour la génération de cas de test à partir des diagrammes de collaboration UML [Bad02a, Bad02b] ainsi que son évaluation. L'environnement développé est composé de plusieurs outils. La méthodologie considérée est basée sur les interactions dynamiques entre les objets et tient compte des différents aspects liés à leur contrôle. Elle permet, grâce à l'environnement développé, une vérification incrémentale de l'implémentation des cas d'utilisation. Les séquences de test générées correspondent aux différents scénarios des cas d'utilisation. Ces différentes séquences permettent de vérifier, et ce pour chaque cas d'utilisation, la conformité de son implémentation à sa spécification. Le processus de test des cas d'utilisation finalement proposé [Bad03, Bad04] est itératif et est guidé par leur complexité. Les cas d'utilisation les plus complexes seront testés en premier.

TEST GENERATION BASED ON UML COLLABORATION DIAGRAMS: IMPLEMENTATION AND EVALUATION

Abstract

In object-oriented systems, objects interact to implement behaviour. Dynamic interactions between a group of objects, for the realization of a use case or a complex operation of an object, may be specified by using UML collaboration diagrams.

A UML collaboration diagram defines the roles of a group of objects when performing a particular task and several aspects of the control related to their interactions. They also define relationships between objects. The specification described in a collaboration diagram must be preserved during the transformation process into an implementation. Collaboration diagrams specify particularly the realisation of use cases, which are defined during the analysis phase. A use case is a generic transaction often requiring several exchanges. Use cases, as well as collaboration diagrams, provide several information. They can be used to support the testing process. Test generation based on specification described in collaboration diagrams was, at the beginning of this research project, poorly exploited and constitutes an interesting way to consider.

We present, in this thesis, the implementation of a test generation methodology based on collaboration diagrams [Bad02a, Bad02b] and its evaluation. The developed environment is composed of several tools. The considered testing methodology (generation and verification) is based on the dynamic interactions between objects and takes into account several aspects related to their control. It supports an incremental verification of the implementation of the use cases. The generated sequences correspond, in fact, to the different scenarios of the use cases, expected during the analysis and design phases. They allow verifying whether the implementation of each use case is in accordance with the corresponding specification. The proposed testing process is iterative [Bad03, Bad04] and takes into account the testability of use cases.

TABLE DES MATIÈRES

LISTE DES FIGURES

Liste des tableaux

CHAPITRE

1

LE TEST ORIENTÉ OBJET

1.1 Introduction

L'émergence de l'approche objet a été considérée comme la solution ultime à la crise du logiciel dans les années 1970. La technologie objet, grâce à sa maturité, a permis de mieux appréhender le développement d'applications complexes et d'améliorer leur qualité à différents points de vue. Elle a, cependant, soulevé de nouvelles questions pour le test de logiciel.

Le test est une activité très importante dans le développement de logiciels. Il fait partie intégrante de leur processus de développement. Le test est une activité d'assurance qualité logiciel [Press01]. Des auteurs comme J. Rumbaugh [Rum91] ont avancé au début de l'émergence des méthodes objets que le test ne constituait pas en soi une problématique pour l'approche objet partant essentiellement du principe que la notion de classe fournit une modularité, produisant ainsi un modèle clair et compréhensible qui favorise le test, la maintenance et la modification. L'expérience a vite montré que malgré cette modularité, les systèmes orientés objet étaient sujets aux erreurs comme les autres systèmes [Bar94]. Par ailleurs, les caractéristiques nouvelles apportées par l'approche objet ont soulevé de nouvelles questions et apporté de nouveaux défis. En effet, les techniques conventionnelles de test n'étaient pas complètement adéquates pour supporter le test des systèmes orientés objet.

L'application directe des techniques conventionnelles de test sur des programmes orientés objet s'est vue confrontée essentiellement à deux problèmes majeurs. D'une part, les techniques de test procédural ne sont pas directement applicables aux programmes orientés objet en raison de la différence fondamentale existant entre les programmes procéduraux et les programmes orientés objet. D'autre part, les nouvelles caractéristiques (encapsulation, héritage ou polymorphisme) introduites par la technologie objet occasionnent de nouveaux problèmes dans le processus de test comme les problèmes d'observabilité [Lab97].

Au travers de ce chapitre, nous essaierons, tout d'abord, de situer la notion de test conventionnel. Ensuite, sur la base d'une multitude de problèmes, nous exposerons l'impact de l'approche orientée objet sur le test conventionnel pour, finalement, aborder la notion de test orienté objet.

1.2 Qu'est-ce que le test ?

Définition : Le test est l'exécution ou l'évaluation d'un système ou des composants d'un système par des moyens manuels ou automatisés afin de vérifier qu'il répond à ses spécifications ou pour identifier les différences entre les résultats obtenus et les résultats attendus [Hay94][IEEE 82].

Le test est une activité du processus de Vérification & Validation (V&V) [Hay94] [Press04]. Le processus de ***V&V*** permet à la fois de découvrir les défauts et de garantir que le logiciel correspond bien aux attentes du client. Il existe de nombreuses définitions du processus de ***Vérification & Validation.*** Boehm [Boe79], en exposant la différence entre la vérification et la validation, a implicitement donné une définition au processus de Vérification et validation :

- *Validation : Avons-nous livré le bon produit ?*
- *Vérification : Avons-nous livré le produit correctement ?*

Les définitions les plus utilisées et acceptées, du processus de Vérification et Validation, proviennent de ***ANSI/IEEE Standard 729- 1983***.

- *La Vérification est le processus consistant à déterminer si les produits d'une phase donnée du cycle de développement remplissent les spécifications établies durant la phase précédente.*
- *La Validation, quant à elle, est le processus d'évaluation du logiciel à la fin du développement pour garantir le respect des exigences du logiciel.*

Cependant, les approches standards de test procédural ne couvrent pas les questions soulevées par le test orienté objet comme mentionné par plusieurs auteurs [Bin94][Bar96][Bad03]. Avant de présenter les différentes stratégies de test orienté objet, nous allons tout d'abord exposer les approches standards de test et les problèmes posés par la méthodologie orientée objet.

1.3 Test conventionnel

Le test conventionnel est souvent divisé en deux catégories à savoir: le test statique et le test dynamique [Hay94]. Ces deux catégories de test sont présentes dans le processus de Vérification & Validation. À l'intérieur de ce processus, il existe deux approches fondamentales *(figure 1)* pour la vérification et l'analyse d'un système [Som04]:

- *Inspection du Logiciel (test statique) : Analyse et vérification des représentations du système telles que les documents d'exigences, les modèles de conception et le code source des programmes.*
- *Test de logiciel (test dynamique) : implique l'exécution d'une implémentation du logiciel avec des données de test.*

Ces deux approches jouent des rôles complémentaires. Elles peuvent être reliées à deux approches présentes dans la littérature à savoir les approches structurelles et fonctionnelles. Cette complémentarité (inspections du logiciel et test de logiciel) est illustrée par la figure suivante :

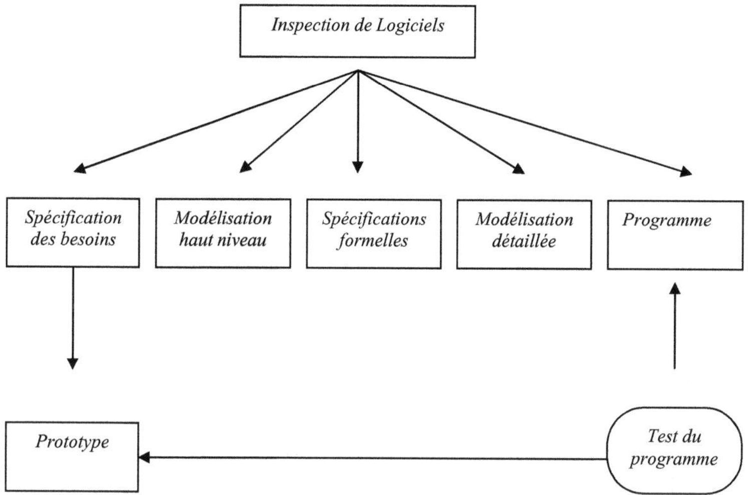

Figure 1: Vérification et Validation statique et dynamique [Som2004].

Les tests statiques et dynamiques tels que présentés sont supportés par différentes techniques.

Test statique

Le test statique se résume à une analyse, sans exécution, d'une présentation (modèle, programme, etc.) [Chu92]. Les techniques de vérification utilisées lors du test statique impliquent l'analyse de la présentation qui peut correspondre par exemple à un code source du programme pour détecter des erreurs [Som2004]. Parmi ces techniques, nous pouvons énumérer :

- *le processus d'inspection du programme qui met l'emphase sur la détection de défauts [Fag76] [Fag86].*
- *l'analyse statique automatisée qui examine le code sans exécution [Som2004].*

Test dynamique

Le test dynamique consiste à exécuter un programme afin d'analyser son comportement [Chu92]. Tout comme le test statique, le test dynamique introduit un ensemble de techniques telles que [Som2004][Press04]:

- *Le test de composants (test unitaire) : processus qui consiste à tester individuellement chaque composant du système. Son but est d'exposer les erreurs dans les composants. C'est un processus de test de défaut.*
- *Le test d'intégration : processus permettant de vérifier que les composants collaborant ensemble sont appelés correctement et transfèrent les bonnes données au bon moment.*
- *Le test de système (test de validation) : processus d'évaluation des propriétés non strictement fonctionnelles du logiciel (performance, compatibilité, etc.).*
- *Le test d'acceptation : test établi avec la participation du client pour obtenir son acceptation et la livraison du logiciel.*

Tout d'abord, les composants (test de composants) sont testés en premier, ce qui correspond au test unitaire. Ensuite, les tests d'intégration consistent à tester les interactions entre ces composants lors de leur intégration. Et enfin, les tests de validation portent sur le test global des modules intégrés correspondant au test du système [Hay94, Som04].

Toutefois, à cause des caractéristiques nouvelles de la méthode orientée objet, le test conventionnel ne peut être appliqué directement aux logiciels orientés objet. Ces caractéristiques apportent de nouvelles dimensions en termes de complexité qui ne sont pas couvertes par les méthodes de test conventionnel.

Dans les programmes orientés objet, les sous-programmes (méthodes) ne peuvent être considérés comme unité de base pour le test [Lej92]. Dans la méthode orientée objet, la plus petite unité pouvant être testée est l'instanciation de la classe : l'objet [Kun95]. L'approche orientée objet, au travers de cette unité testable, apporte les notions d'encapsulation, d'abstraction, de réutilisation, de polymorphisme et d'héritage. Ces différentes caractéristiques ont un impact sur les techniques de test [McD94]. Nous allons voir, dans ce qui suit, comment ces différentes notions interfèrent dans la mise en place des techniques de test.

1.3.1 Encapsulation

L'encapsulation consiste à rendre les informations propres à une classe non visibles et non accessibles aux utilisateurs ou à d'autres classes. Elle ne constitue pas une source d'erreur mais plutôt un obstacle au test car elle pose le problème de vérification de l'état d'un objet. En effet, le seul et unique moyen d'observer l'état d'un objet ou de tester l'objet en question est à partir de son état, rendu inaccessible par le principe de l'encapsulation soulevant ainsi un problème d'observabilité tel que mentionné dans [Lab97].

Il nous faut alors trouver des mécanismes nous permettant d'accéder aux opérations des objets ainsi qu'à leurs états internes. Les solutions proposées dans ce sens sont de nature intrusive et utilisent le même principe que celles définies pour le problème de la protection de l'information [Dev00].

1.3.2 Protection de l'information

La protection de l'information, qui découle de l'encapsulation, est un principe permettant de cacher plusieurs détails d'un objet en les rendant inaccessibles de l'extérieur. Ainsi, la protection de l'information pose le même problème lors du test que celui posé par l'encapsulation, c'est-à-dire l'accessibilité de l'état interne d'un objet.

Pour pallier ce problème, il existe deux solutions :

- *modifier la classe testée pour ajouter des opérations fournissant une visibilité sur les opérations.*
- *définir des opérations qui seront ajoutées à la classe descendante dérivée de la classe testée.*

Hormis les deux solutions citées ci-dessus, il existe une autre solution consistant à créer une classe où l'on introduit le code des fonctions mais aussi le code de vérification (classe auto testable) [Bau00a] [Bau00b] [LeTra99].

1.3.3 L'abstraction

L'abstraction est une technique permettant aux programmeurs de faire face à la notion de complexité [Boo91]. Elle permet de séparer le comportement essentiel de l'objet de son implémentation. Comme le mentionne Booch dans [Boo94]: « *Une abstraction dénote les caractéristiques essentielles d'un objet le distinguant de tous les autres objets, fournissant ainsi des limites conceptuelles définies relativement à la perspective du concepteur* ». Le problème avec l'abstraction est que l'information abstraite par l'objet est exigée pour la phase de test de l'objet.

1.3.4 L'héritage

L'héritage est une notion très importante dans le paradigme objet. Il permet d'organiser une structure hiérarchique d'un système complexe, permettant ainsi de définir une relation entre les classes où une classe partage sa structure et/ou son comportement avec une ou plusieurs classes. Étant donnée la structure hiérarchique qu'apporte l'héritage, la notion de test prend une autre ampleur dans le sens où la super classe doit être testée avant ses classes descendantes [Lab97]. Dans ce processus, d'autres notions entrent en ligne de compte telles que la redéfinition des opérations héritées de la super classe et l'accès à l'état interne des classes héritées.

1.3.5 Le Polymorphisme

Le polymorphisme est une caractéristique de la méthode orientée objet. Il permet à un nom d'objet de désigner des instances de différentes classes, issues d'une même arborescence [Bei90] [Bin99] [Xan00]. Le polymorphisme implique un mécanisme de contrôle de l'héritage [Pon94]. Le polymorphisme et les liens dynamiques introduisent un problème d'indécidabilité [Lab97]. Le test doit donc garantir que tous les cas possibles de liens dynamiques sont couverts. Plusieurs techniques de test conventionnel ont été développées. Cependant, il est bon de noter que les tests conventionnels étaient appliqués sur des programmes composés de modules qui sont composés à leur tour de fonctions et de procédures. Le principe de test dans le contexte de ce type de programmes était d'isoler les différentes fonctions qui régissaient ce programme et les tester individuellement.

Avec la méthode orientée objet et sa notion de classe impliquant un principe de modularité, on ne pouvait appliquer directement ce genre de test. Les raisons sont multiples. Au premier plan, il n'y a pas de variables globales ou de données partagées entre les programmes car la classe, par sa définition, englobe toutes les propriétés d'une même entité (attributs, méthodes ou opérations, état de l'objet). Au deuxième plan, la classe n'est pas un composant testable en soi car le seul moyen de tester une classe est de créer une instance. Au dernier plan, l'ordre des appels de ces opérations n'est pas séquentiel comme dans les programmes traditionnels.

L'ordre des appels est évènementiel, car chaque action externe de l'usager peut entraîner une séquence d'appels qui change l'état de l'objet. À cause de ces diverses raisons, il est impossible de réduire le test orienté objet aux tests indépendants des opérations, en d'autres termes, aux tests conventionnels, d'où le développement de stratégies de test tenant compte des spécificités de la méthode orientée objet.

1.4 Notion de test orienté objet

Les programmes orientés objets peuvent être testés à quatre niveaux [Chen01] [Doo94] :

- *Le niveau algorithmique : à ce niveau, nous pouvons appliquer les techniques de test conventionnelles [Chan02]*
- *Le niveau classe (test de composants ou test unitaire ou encore test de classe)*
- *Le niveau groupe (test d'intégration)*
- *Le niveau système (test de validation)*

1.4.1 Le test unitaire ou test de classe

Le test unitaire consiste à tester la classe en entier. Son objectif est de vérifier l'intégrité de la classe en la testant comme une entité individuelle [Chan02]. En d'autres termes, ce test permet de vérifier :

- *si la classe est conforme à ses spécifications,*
- *si elle remplit toutes ses fonctionnalités et ce, malgré la présence de conditions non respectées, et*
- *si celle-ci ne s'éloigne pas des comportements spécifiques qui lui sont attribués.*

Ce test permet de localiser des erreurs au niveau de la classe et pour se faire, nous disposons de trois types de tests unitaires :

1.4.1.1 Test de la boîte blanche ou test d'implémentation

Le test unitaire en boîte blanche, est une méthode de test utilisant les structures de contrôle pour dériver des cas de test [Press97].

Le test de la boîte blanche est basé sur la connaissance interne des classes. Il permet de s'assurer que le code s'exécute tel que prévu. L'objectif de ce type de test et de mettre en évidence les défauts. Il permet aussi [Press97] :

- *de garantir que tous les chemins indépendants à l'intérieur du composant ont été exécutés au moins une fois,*
- *de tester toutes les décisions logiques à leurs limites,*
- *de tester toutes les boucles à leurs limites et à l'intérieur des limites opérationnelles,*
- *de tester les structures de données pour assurer leur validité.*

1.4.1.2 Test de la boîte noire ou test basé responsabilité

Le test de la boîte noire a pour objectif de vérifier si la classe se comporte comme elle doit se comporter, c'est-à-dire si elle remplit sa raison première au niveau de ses fonctionnalités [Press97]. Il est basé sur la spécification.

1.4.1.3 Test d'héritage

Le test d'héritage [Clw94][Gil94] permet de faire des tests lorsque l'on se trouve en présence d'une hiérarchie de classes. Le processus de test dans ce cas est un processus incrémental descendant ; on commence par tester la superclasse ensuite les classes dérivées. Les propriétés héritées qui n'ont pas été changées au niveau de la sous-classe ne seront pas re-testées, seules les parties correspondant à la spécialisation seront testées.

1.4.2 Test d'intégration

Le test d'intégration a pour objectif de tester les classes lorsqu'elles interagissent entre elles par rapport à une notion de classes dépendantes ou encore classes couplées. Il existe plusieurs approches pour le test d'intégration telles que [Chan02] :

- *Le test basé état : cette approche se base sur la construction de machines à états finis [Lye01] [Cheu96] [Kop02].*
- *Le test basé évènement : techniques basées sur les relations temporelles entre les évènements de synchronisation [Car98].*
- *Les techniques basées UML : techniques de test utilisant les diagrammes UML pour le test [Bri01].*

- *L'analyse de flots de données : techniques permettant de déterminer si les variables d'un programme ont été créées et utilisées proprement. [Bou00] [Chen97] [Sal01]* .

Lors du test d'intégration, il est important de définir la manière dont les classes seront intégrées. Nous avons le choix :

- *d'intégrer toutes les classes ensemble et de tester le tout une fois, ce qui est généralement à éviter,,*
- *de procéder à une intégration des classes exigées pour répondre à une opération ou un évènement spécifique du système (thread-based testing),*
- *d'intégrer et tester par lots de classes (intégration incrémentale descendante ou ascendante).*

1.4.2.1 Intégration incrémentale descendante

Dans ce cas, toutes les classes sont intégrées suivant la hiérarchie du modèle de conception (modèle objet), de manière descendante *(figure 2).* Les classes peuvent être intégrées de deux manières possibles [Press04]:

- *En utilisant le principe de la profondeur d'un arbre : intégration de toutes les classes appartenant à un chemin de contrôle principal. La sélection du chemin de contrôle principal est faite de manière arbitraire et dépend des caractéristiques spécifiques de l'application.*
- *En utilisation le principe de la largeur : intégration de toutes les classes appartenant au même niveau.*

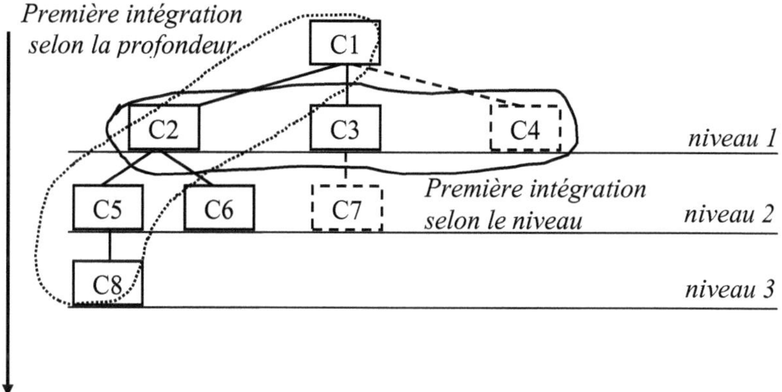

Figure 2 : Intégration incrémentale descendante selon la profondeur et la largeur.

En se basant sur la figure 2, l'intégration selon la profondeur intègrera en premier les classes C1, C2, C5. Dans ce cas de figure, on choisit comme chemin de contrôle principal le chemin de gauche. Ensuite, dépendamment du fonctionnement de la classe C2, la classe C8 ou C6 sera intégrée. Dans le cas de l'intégration selon la largeur, il faut intégrer toutes les classes appartement à un même niveau et toujours de manière descendante. Les classes qui seront intégrées en premier seront les classes du niveau 1, ensuite celles du niveau 2 et finalement celles du niveau 3.

1.4.2.2 Intégration incrémentale ascendante

Dans cette intégration, on teste les classes indépendantes, donc qui n'interagissent pas avec d'autres classes, et ensuite les classes dépendantes *(figure 3)*. Sachant que les classes sont intégrées du bas vers le haut, il est nécessaire d'utiliser des programmes de contrôle pour le test et de simuler les classes du niveau inférieur en utilisant des *clusters* [Press04].

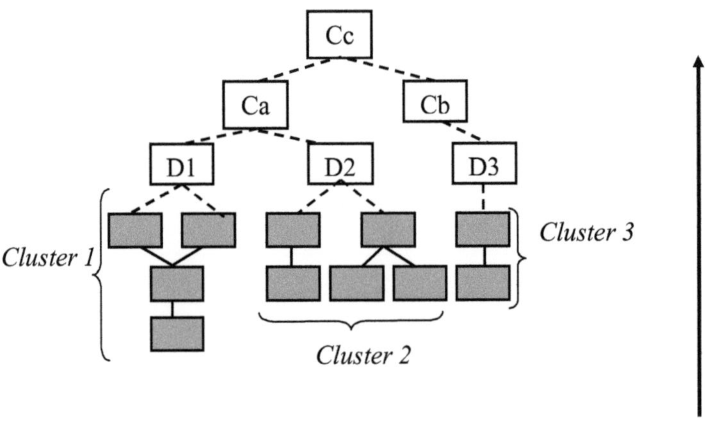

Figure 3 : Intégration incrémentale ascendante [Press04].

La figure 3 présente un cas d'intégration incrémentale ascendante. Tout d'abord, il faut créer des programmes pour tester les *clusters.* Un cluster est un groupe de classes reliées qui ont déjà été testées individuellement [Joh96]. Une fois les clusters testés, ils sont utilisés pour tester les classes. Si nous prenons la classe Ca, nous avons les programmes de contrôle qui sont D1 et D2 et les clusters 1 et 2. Une fois les *clusters* testés avec les programmes de contrôle, la classe Cc est testée en utilisant les *clusters* qui simulent les classes Ca et Cb.

Un des problèmes fondamentaux posés dans le cadre de ces stratégies (ascendante et descendante) est la forte dépendance qui peut exister entre les classes d'un système orienté objet ainsi que la présence de cycles dans ces dépendances. Les modèles ne sont pas souvent hiérarchiques. Dans la littérature, il existe plusieurs stratégies de test permettant de définir un ordre d'intégration des classes [Bad95] [Bri02] [Kuo99] [LeTra00] [Tar72] [Bad04].

1.4.3 Tests de validation

Les tests de validation ont pour objectif de tester tout le système du point de vue usager. Ils visent les actions de l'usager et les sorties possibles du système. Pour se faire, les tests de validation requièrent l'ensemble des cas d'utilisation qui définissent les interactions possibles entre les utilisateurs du système et le système lui-même [Som04].

1.5 Problématique

Le test a pour but, tel que mentionné précédemment, de vérifier si le système répond aux spécifications et mettre en évidence les défauts. Le test orienté objet, de par ses différentes caractéristiques, ne permet pas l'utilisation de la technique de test conventionnel [Mau04]. Il nécessite, donc, l'utilisation (développement) de nouvelles techniques et approches [Off99a][Abd00b]. Deux principales classes d'approches émergent dans la littérature : les approches structurelles et les approches fonctionnelles. Ces approches ont pour objectif d'assurer l'intégrité des classes (testées individuellement), d'une part, et d'assurer une intégrité du système dans sa globalité, d'autre part. Par ailleurs, et sachant que l'approche objet implique l'interaction entre classes, il faut vérifier leur intégration. Les tests unitaires des classes ont fait l'objet de plusieurs travaux de recherche. Plusieurs propositions ont émergées. Par contre, les tests d'intégration, au début de ce travail de recherche, avaient étés très peu abordés. Les systèmes orientés objet sont des systèmes impliquant l'interaction de plusieurs objets.

Il existe des méthodes dites semi-formelles [Lan96][Jon96] permettant de modéliser le comportement des objets à l'intérieur d'un système. Parmi ces méthodes, la plus répandue étant le langage UML [Rum99]. Différents diagrammes, sources de données importantes sur les spécifications et interactions entre objets du système, peuvent être construits avec cette notation. Nous pouvons citer:

- *Diagrammes des cas d'utilisation.*
- *Diagrammes de collaboration.*
- *Diagrammes d'états.*

De nombreux travaux [Kim99] [Tse96] ont mis l'emphase sur l'utilisation des diagrammes UML pour la génération de cas de test. Ces travaux se sont penchés sur le comportement d'un objet. Kim et al. [Kim99, Bad96, Bad99], par exemple, ont présenté une approche permettant de générer des cas de test à partir du diagramme d'états-transitions. Bien que, les différents diagrammes soient présentés plus loin dans le document, il est important de mentionner que le diagramme d'états-transitions permet de modéliser les états qu'un objet peut avoir dans le système.

Cependant, dans un système orienté objet, les objets collaborent entre eux pour implémenter le comportement du système [Abd00b] [Bad02a, Bad02b].

Cette collaboration entre les objets est modélisée à l'aide des diagrammes de collaboration. La collaboration définit les rôles que jouent un groupe d'objets pendant l'exécution d'une tâche particulière, et de ce fait, les spécifications décrites dans les diagrammes de collaboration doivent être préservées.

Malheureusement, la génération de cas de test à partir des diagrammes de collaboration reste un domaine peu exploité [Abd00b] [Bad02a, Bad02b]. Le présent mémoire présente une nouvelle approche basée sur les informations contenues dans les diagrammes de collaborations (messages, conditions, ordonnancement, etc.). Elle permet la génération de cas de test et supporte une vérification incrémentale de l'implémentation des cas d'utilisation [Bad03, Bad04].

Le reste du mémoire est organisé comme suit : le chapitre 2 présente les différentes approches pour le test orienté objet. Le chapitre 3 aborde la génération de cas de test à partir des diagrammes UML. Les chapitres 4 et 5 présentent une nouvelle méthodologie pour la génération de cas de test basée sur les diagrammes de collaboration, un environnement supportant cette méthodologie, et enfin les résultats de l'évaluation expérimentale que nous avons effectuée.

CHAPITRE

2

APPROCHES POUR LE TEST ORIENTÉ OBJET

Dans le test orienté objet, il existe principalement deux familles d'approches. D'un côté, nous avons les approches structurelles et de l'autre les approches fonctionnelles [Rys98].

2.1 Approches structurelles

Les approches structurelles ou basées implémentation sont souvent assimilées au test de la boîte blanche à cause de leur vision portée sur le code. Ces approches sont fondées sur les structures internes du programme sous test, principalement les graphes de contrôle. Elles sont surtout utilisées durant le processus de test unitaire [Rys98] [Ric89]. L'utilisation des tests basés sur les approches structurelles a pour but de garantir que les instructions (conditions, chemins, etc.) implémentées au niveau du code sont exécutées tel que prévu.

Pour ce type d'approches, on considère à la fois le code dans chacune des méthodes et les interactions entre les méthodes de la classe. Chaque méthode peut être testée à partir d'un ensemble d'entrées. Les techniques de test utilisées par les approches structurelles sont basées sur la couverture des instructions, des chemins, le test de valeurs spéciales, de partitions d'ensembles et d'évaluation symbolique. Dans le domaine des approches structurelles, nous pouvons citer des techniques de test comme le test d'instructions, le test de branches, le test de chemin et le test de conditions [Press04][Hun02][Som04].

2.1.1 Le test d'instructions

Le test d'instructions consiste à exécuter, au moins une fois, le plus grand nombre d'instructions dans le programme.

2.1.2 Le test de branches

Le test de branches, contrairement au test d'instructions, consiste à exécuter au moins une fois le plus grand nombre de branches du programme. Ce test peut être utilisé pour vérifier les appels entre les différents composants du logiciel. L'exécution de ce type de test prend en compte les possibilités de traverser au moins une fois les branches du programme, de vérifier si les branches parcourues lors d'un même test sont compatibles et de vérifier les différentes combinaisons d'exécution des branches.

2.1.3 Le test de chemins

Définition : Un chemin est définit comme étant un ordre d'instructions ou de déclarations qui commence à une entrée, une jonction ou une décision et prend fin à une autre ou probablement la même décision, jonction ou sortie. Un chemin peut passer par plusieurs jonctions, processus ou décisions, une ou plusieurs fois [Bei90].

Le test de chemins consiste à exécuter un nombre maximum de chemins sur le graphe de contrôle, ce qui donne la possibilité d'effectuer un contrôle dynamique des enchaînements. Il permet d'exécuter tous les chemins ou des chemins choisis à travers un système [IEEE99]. La difficulté de ce type de test résulte dans le fait que le nombre total de chemins possibles dans un graphe de contrôle peut atteindre une valeur très élevée. Par ailleurs, il est bon de noter que tous les chemins d'un programme ne sont pas des chemins exécutables. Dans le même contexte, McCabe a introduit la notion de test du chemin principal (basis path testing)[Hun02] [Mcc76].

2.1.3.1 Le test du chemin principal

Le test du chemin principal est un test permettant de remplir les conditions du test de branches et d'évaluer aussi tous les chemins indépendants pouvant être utilisés pour construire n'importe quel chemin arbitraire par le programme [Poo95].

Le test du chemin principal utilise la notion des graphes de contrôle. Dans cette technique, on définit un chemin indépendant *(figure 4)* comme n'importe quel chemin du système introduisant au moins une fois un nouvel ensemble d'instructions ou de nouvelles conditions [Press01]. Si l'on transpose cette définition de chemin indépendant en termes de graphes de contrôle, c'est un chemin traversant le graphe.

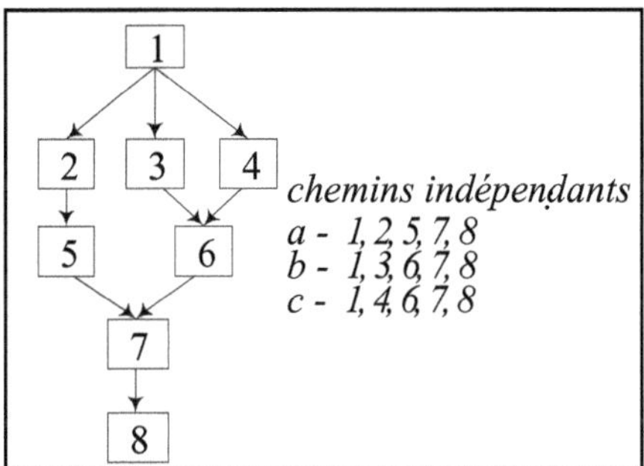

Figure 4: Illustration de la notion de chemins indépendants à l'aide d'un graphe de contrôle.

Le processus de génération de cas de test est basé sur la complexité cyclomatique [Mcc76]. La notion de complexité cyclomatique sera abordée plus loin dans le mémoire. De manière générale, les étapes de génération de cas de test, avec comme base le test de chemin principal sont les suivantes [Mcc82] :

- *Construire le graphe de contrôle*
- *Calculer la complexité cyclomatique*
- *Choisir un ensemble de chemins indépendants (chemin principal)*
- *Générer des cas de test pour chacun de ces chemins*

2.1.4 Le test de conditions

Ces tests constituent une version améliorée des tests de branches et sont complémentaires des tests de chemins. Le test de conditions permet de tester les conditions logiques contenues dans un programme [Tai89]. Une condition simple est une variable booléenne (variable ayant comme valeur vrai ou faux) ou une expression relationnelle [Press04]. Si, dans un programme, les décisions sont une conséquence de calculs d'expression booléenne, il faut alors créer un ensemble de cas de test pour pouvoir fournir les différentes valeurs en entrée de la condition, et ce dans le but de satisfaire toutes les combinaisons possibles.

Plusieurs travaux [Wal96] [Wat95] ont été effectués dans le domaine des approches structurelles. Certains d'entre eux ont utilisé les tests structurels dans le processus d'intégration [Mcc89][Feg94], d'autres ont porté sur les stratégies basées sur le couplage entre classes et aussi la cohésion des classes. Cependant, l'inconvénient des approches structurelles est que les tests générés à partir de cette approche sont basés sur le code implémenté et non sur les spécifications du logiciel. En d'autres termes, elles ne garantissent pas le respect des spécifications du logiciel. Ces tests sont aussi appelés tests de défauts [Som04].

2.2 Approches fonctionnelles

Les approches fonctionnelles ou basées sur la spécification, quant à elles, sont assimilées au test de la boîte noire en ce sens qu'elles transforment les entrées en sorties basées sur les spécifications propres du logiciel en ignorant la structure interne de l'objet testé [Rys98].

Les tests générés à partir de cette approche offrent plusieurs avantages. Tout d'abord, il est bon de préciser que les spécifications, établies lors de l'analyse, décrivent les fonctions que le logiciel est supposé offrir. Aussi, le processus menant à la production de tests basés sur les spécifications permet au développeur de mieux cerner les spécifications du logiciel et par la même occasion de déceler des erreurs ou ambiguïtés dans les spécifications. Un autre avantage de l'utilisation de cette approche est son indépendance vis-à-vis de l'implémentation des spécifications. Il existe plusieurs techniques de base dérivées des approches fonctionnelles.

2.2.1 Le test par classes d'équivalences

Cette technique de test *(figure 5)*, consiste à identifier parmi l'ensemble des données possibles en entrée, d'une part, des classes d'équivalence, et ce, en regroupant les données d'entrée ayant des caractéristiques ou propriétés communes et, d'autre part, à vérifier le comportement du composant vis-à-vis des éléments d'une même classe d'équivalence (le but est de faire en sorte que le composant sous test se comporte de la même manière pour une même classe d'équivalence). Cette technique a pour objectif de contrôler les données en sortie dans le but de déterminer si celles-ci correspondent aux différentes classes d'équivalence définies, d'une part, et de s'assurer de l'adéquation du composant par rapport aux spécifications, d'autre part.

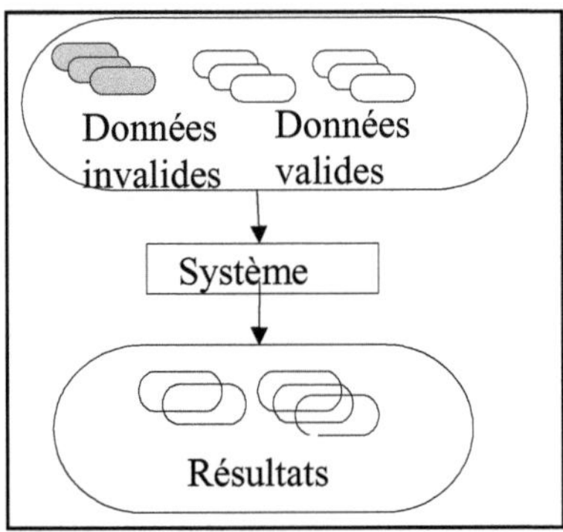

Figure 5: Illustration du Test par classes d'équivalences.

2.2.2 Le test aux limites

Cette technique de test consiste à choisir des données égales ou proches des bornes des classes d'équivalence.

2.2.3 Le test basé sur les besoins

Le test basé sur les besoins est un test permettant de démontrer que le système implémente proprement les spécifications [Som04]. Il s'agit d'un test de validation. En effet, la majorité des erreurs détectées dans un système proviennent de l'implémentation mal effectuée des besoins [Ben03] *(figure 6)*.

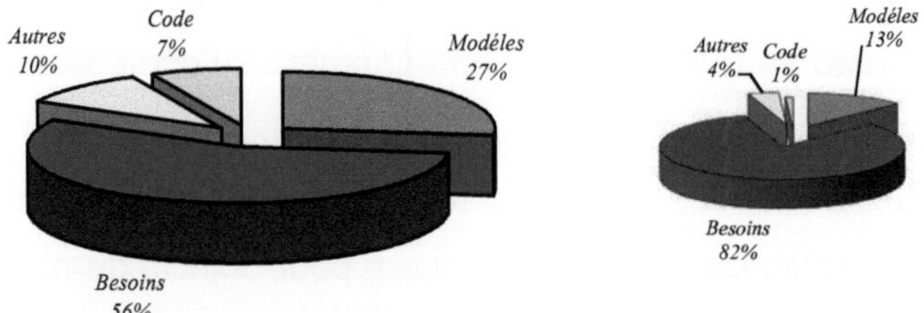

(a) Distribution des erreurs (b) Distribution de l'effort de test

Figure 6 : Illustration du pourcentage d'erreurs occasionnées par un non-respect des besoins [Ben03].

Outre ces techniques de base, il existe d'autres approches basées sur l'utilisation des méthodes semi-formelles et formelles.

2.3 Méthodes Formelles

Les méthodes semi-formelles, par la diversité de leurs outils et par leur apport dans le développement, sont très utilisées. Elles permettent de modéliser différents aspects d'un système. Parmi ces méthodes, nous pouvons citer le langage UML largement utilisé dans le développement de systèmes orientés objet. Le langage UML permet, en effet, de produire plusieurs modèles tels que le modèle objet, les diagrammes d'états, les diagrammes de collaboration, les diagrammes d'interactions, etc. Ces différents modèles, présentés de manière graphique, constituent, en fait, de véritables sources d'informations en ce qui concerne les spécifications du logiciel et pouvant être utilisées pour supporter le processus de test [Abd00b].

Cependant, les méthodes semi-formelles posent certains problèmes à la mise en place de tests dérivés des spécifications. Ces problèmes se résument au manque, parfois, de rigueur dans la sémantique. En effet, les modèles obtenus à partir des méthodes semi-formelles peuvent être ambiguës et peuvent poser le problème, par la même occasion, de compréhension et d'interprétation pour établir un processus de génération de test. Pour pallier ce manque de précision et aussi pour éviter les problèmes d'interprétation, nous avons les méthodes formelles.

Les méthodes formelles utilisées dans le développement de systèmes informatiques sont des techniques basées sur les mathématiques pour décrire les propriétés de ces systèmes [Rys98]. De telles méthodes fournissent un cadre à l'intérieur duquel on peut spécifier, développer et vérifier des systèmes informatiques d'une façon systématique, plutôt que d'une façon *ad hoc*. Elles reposent sur l'utilisation de la logique mathématique et offrent un langage éliminant l'ambiguïté et un formalisme de preuve permettant de garantir la validité des énoncés logiques. Elles permettent au développeur d'avoir une meilleure compréhension, d'obtenir des spécifications concises et peuvent servir de base à la vérification formelle et au développement de test par l'intermédiaire de l'utilisation des langages de spécification formels. Ces langages sont composés de trois composants importants qui sont [Press04]:

- *une syntaxe définissant la notation spécifique avec laquelle la spécification est représentée*
- *une sémantique permettant de définir l'univers des objets [Win90] qui seront utilisés pour décrire le système et*
- *un ensemble de relations définissant les règles qui indiquent quels objets satisfont les besoins.*

Ces différents langages de spécification formels se regroupent sous deux catégories [Rys98] [Bur00] [Som04]:

- *Les langages de spécification basés modèle*
- *Les langages algébriques de spécification.*

2.3.1 Les langages de spécification basés modèle

Les langages de spécification basés modèle utilisent les mathématiques pour modéliser explicitement l'état du système [Off99b]. Ces langages expriment leurs fonctionnalités par le changement d'état en se basant sur le modèle d'état [Rys98]. Elles portent également le nom de spécification basée état. Parmi ces langages nous pouvons citer les langages VDM [Bsi89][Daw91][Jon90], Z[Brie92][Spi88, Spi92]et B[Hung01, Hung03].

2.3.2 Les langages algébriques de spécification

Les langages algébriques de spécification décrivent le logiciel en établissant des instructions formelles, appelées axiomes, sur les relations entre les opérations et les fonctions intervenant sur ces opérations. Comme langage de spécification comportementale, nous pouvons citer LOTOS, Estelle et SDL [Tur93][Bol94], Larch [Gut93].

Différents langages, dans chacune de ces familles, ont été développés pour spécifier des systèmes séquentiels ou concurrentiels [Som04]. Cette catégorisation des langages est présentée par le tableau suivant :

Langages formels de spécification	**Séquentiel**	**Concurrentiel**
Algébriques	*Larch, Obj*	*Lotos*
Basé sur les modèles (model-based)	*Z, VDM, B*	*CSP [Hoa85],* *Petri Nets [Pet81]*

Tableau 1: Langages de spécification formels.

Par ailleurs, malgré leur faiblesse, les méthodes semi-formelles sont très utiles [Wit01a][Kim99] dans le processus de génération de test à partir des spécifications. Elles sont également largement utilisées relativement aux méthodes formelles [Amm00][Amm94][Bou86] dans un processus de conversion des informations véhiculées par un langage semi-formel vers un langage formel. Il est donc avantageux de combiner les méthodes formelles et les méthodes semi-formelles dans un même et unique but étant celui de la *génération de test à partir des spécifications*.

CHAPITRE

3

GÉNÉRATION DE CAS DE TEST À PARTIR DES DIAGRAMMES UML

3.1 Introduction

La génération de tests à partir des spécifications se résume à dériver des cas de test en se basant sur les descriptions fournies dans les spécifications. Le langage UML *(Unified Modeling Language*) a fait l'objet de nombreux projets de recherche [Bri01][Kab98] dans le but de l'utiliser comme base pour la génération de test. Cela est dû au fait que le langage UML est facile d'utilisation, d'une part, et qu'il existe plusieurs outils (Rational Rose, Together, etc.) le supportant. La méthode UML est à la base une notation graphique offrant différents types de diagrammes permettant d'exprimer différents aspects et propriétés d'un système [Ant02].

Avant d'aborder la génération de cas de test à partir de modèles UML, nous allons d'abord présenter quelques travaux effectués pour la génération de cas de test à partir des méthodes formelles de spécification. Les approches basées sur la génération de cas de test à partir des méthodes formelles de spécification sont désignées dans la littérature par approches basées modèle (*model-based)* [Dic93] [Fro00]. Ces approches utilisent les langages formels de spécification basée modèle tels que Z et VDM.

Des auteurs comme Hans-Martin Horsher et Erich Mikk abordent [Hor95] cette approche en utilisant le langage Z pour la génération de cas de test. Leur approche consiste à dériver des classes de tests qui permettent d'obtenir des partitions de test séparées. Le langage Z est utilisé dans cette approche pour extraire les différentes situations pour lesquels nous avons des comportements différents au niveau du système. Cette approche est similaire à l'idée du test par partition.

D'autres auteurs tels que Chen et Liu [Che96] utilisent, quant à eux, le langage *Object-Z* pour développer des cas de test. Ils présentent [Che96] un exemple de la spécification d'une classe en Object-Z et les différentes étapes pour le test d'une classe basée sur leur approche. Le langage Z est à la base un langage formel avec des fondements dérivés de la théorie des ensembles typés [Spi92]. Le langage Object-Z est, quant à lui, une extension orienté objet du langage Z [Gra00] [Duk91]. Par ailleurs, d'autres auteurs comme Offutt et Liu abordent la notion de génération de cas de test à partir de SOFL (Structured Object-Oriented Formal Language) [Off99b]. SOFL est un langage formel de spécification et de méthodologie développé par S. Liu, Y. Sun, A. J. Offutt et C. Ho-Stuart.

Cependant, la majorité des travaux effectués sur la génération de cas de test à partir des méthodes formelles utilisent un processus d'extraction des informations véhiculées par les langages semi-formels tels que UML. Les sections suivantes abordent la génération de cas de test à partir de UML.

Ces approches utilisent les différents diagrammes UML comme base pour la génération de cas de test.

3.2 Diagramme des cas d'utilisation (Use Cases)

Le diagramme des cas d'utilisation permet essentiellement de définir les limites du système en termes de services que le système doit offrir (cas d'utilisation) et des utilisateurs (acteurs) du système. La figure 7 est un exemple de diagramme de cas d'utilisation.

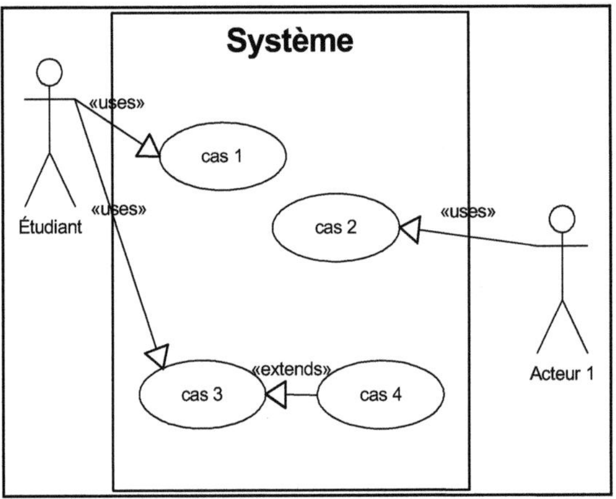

Figure 7 : Exemple de diagramme de cas d'utilisation.

La planification des tests à partir des cas d'utilisation demande l'identification de séquences possibles d'exécution des cas d'utilisation. C'est dans cette option qu'intervient l'utilisation des diagrammes de séquences (scénarios) et d'activités pour l'élaboration de tests à partir des cas d'utilisation. La génération de tests à partir des cas d'utilisation apporte un nouveau concept qui est celui du *scenario-based test* (test basé sur les scénarios). Des auteurs comme Lionel Briand [Bri01] et Johanne Ryser [Rys99] abordent cette approche. Johanne Ryser présente cette approche comme étant une approche consistant en trois points [Rys99]:

- *Utilisation d'un langage naturel pour les scénarios (cas d'utilisation) pour valider le système.*
- *Formalisation des scénarios en diagrammes d'états et annotation des scénarios et/ou digrammes d'états dans le but de rendre le diagramme d'états convenable pour la génération de cas de test convenables.*
- *Génération des cas de test en traversant les chemins dans le diagramme d'états.*

Cette approche, telle que présentée, passe par un processus de transformation des scénarios (cas d'utilisation) en diagrammes d'états avant la génération de tests. Jeremiah Wittevrongel et Frank Mauer [Wit01a] présentent une autre approche *(figure 8)*, toujours basée sur le principe de la génération de tests à partir des cas d'utilisation. Ils présentent, avec leur approche, un outil **(SCENTOR)** permettant la génération de cas de test à partir des diagrammes de séquences dont le processus est représenté par la figure ci-dessous [Wit01a] [Wit01b].

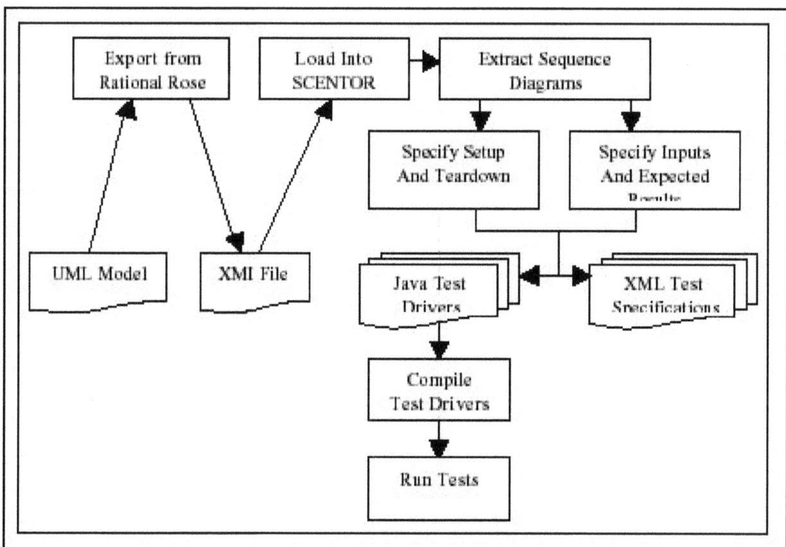

Figure 8 : Processus de génération de tests à partir du diagramme de séquences [Wit01a].

Les diagrammes de séquences *(illustrés par la figure 9)* permettent de modéliser les interactions entre objets d'un point de vue temporel. Ils sont complémentaires aux cas d'utilisations. Cette représentation est beaucoup plus axée sur l'expression des interactions.

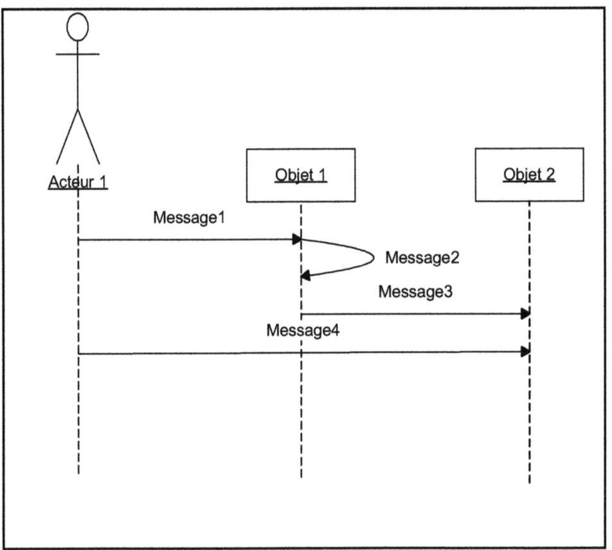

Figure 9 : Exemple de diagramme de séquences.

Une autre approche, utilisant les cas d'utilisation, consiste à se servir du diagramme d'activités. Un diagramme d'activités UML *(figure 10)* est utilisé pour montrer les activités, le déroulement des opérations et comment les opérations sont exécutées dans le système.

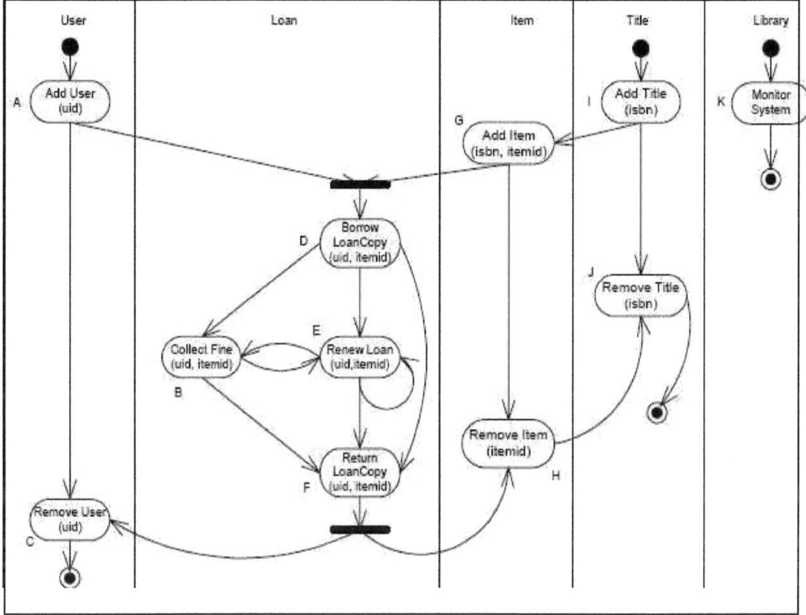

Figure 10: Exemple de diagramme d'activités [Bri01].

Cette approche basée sur l'utilisation du diagramme d'activités est présentée par les auteurs Lionel Briand et Yvan Labiche [Bri01]. Elle se résume en trois étapes [Bri01] illustrées par la figure suivante :

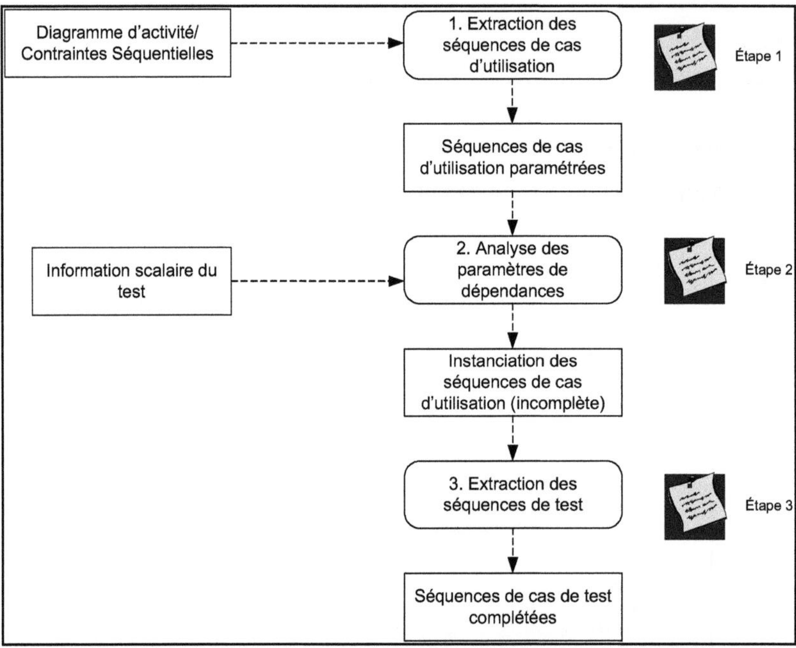

Figure 11 : Étapes d'extraction des cas de séquences pour le test [Wit01].

Il est bon de préciser que, mis à part l'outil **SCENTOR** qui génère et exécute des cas de tests, les approches décrites dans les articles mentionnés précédemment, concernant la génération de test à partir des cas d'utilisation, ne génèrent pas de manière automatique les cas de test. Ces cas de test sont dérivés par un processus manuel. Les travaux futurs sur la génération de test à partir des cas d'utilisation visent d'une part à améliorer ces approches et, d'autre part, à automatiser la génération et l'exécution de ces tests. En plus des cas d'utilisation, le modèle dynamique ou encore diagramme d'états est l'un des modèles les plus utilisés dans la littérature dans le domaine de la génération de tests à partir des spécifications.

3.3 Modèle Dynamique

Le modèle dynamique *(figure 12)* est un modèle attaché à une classe ou un cas d'utilisation dans le but étant de présenter les états possibles et les transitions régissant le changement d'états. Il permet de décrire le comportement du système vis-à-vis des opérations appliquées.

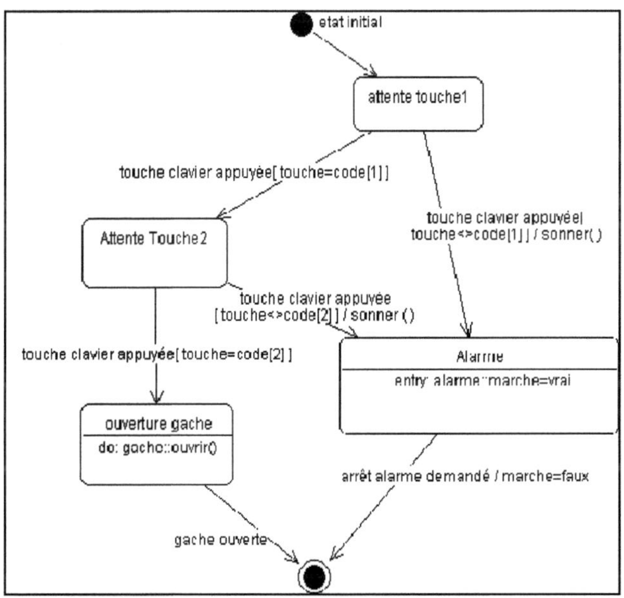

Figure 12 : Exemple de diagramme d'états-transitions.

Plusieurs auteurs abordent la génération des cas de test à partir du diagramme d'états. Parmi ces auteurs, on peut citer Jefferson Offutt, Yiwei Xiong , Shaoying Liu et Aynur Abdurazik [Abd00a] [Off99a, Off99c, Off03], qui présentent des critères (couverture de test) permettant d'obtenir de bonnes séquences de test à partir d'un diagramme d'états. Ces diagrammes sont définis comme un graphe orienté. Ils présentent un outil **SPECTEST**, (construit à *Université de Georges Mason – USA*) qui est basé sur les critères définis et qui permet de dériver automatiquement des cas de test à partir du diagramme d'états [Off99b]. Le processus utilisé par Jefferson Offutt et al. pour la génération de ces cas de test est donné par la figure suivante :

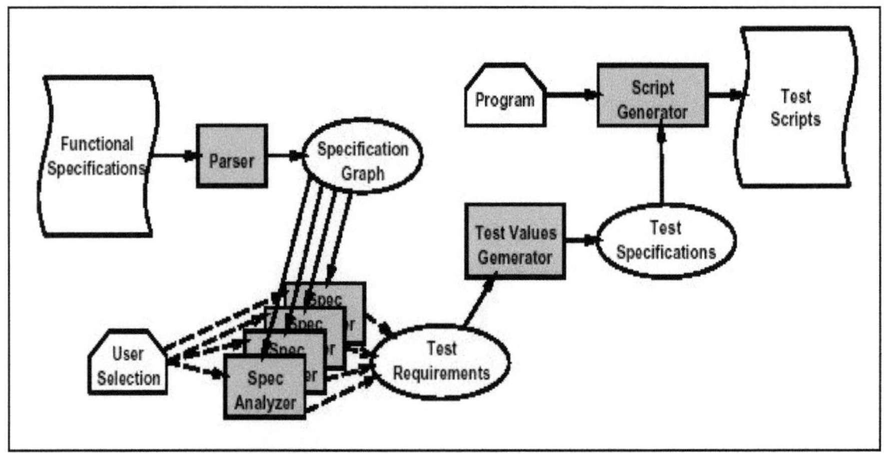

Figure 13 : Processus général pour la génération de cas de test [Off99b].

Par ailleurs, et dans le même domaine, les auteurs C.D. Turner et D.J.Robson [Tur92] présentent un ensemble d'outils pour la génération (MKTC : MaKe Test Cases), la compilation (MKMFTC : MaKe MakeFile for Test Cases) et pour l'exécution des cas de test compilés (TESTRUN). En continuant sur la lancée des outils, nous avons également l'outil ***DAS-BOOT*** (**Design And Specification Based Object Oriented Testing**) développé à *l'Université de Californie par le professeur* ***Debra J. Richardson*** [Ric99], qui teste une classe en se servant de son diagramme d'états.

Une autre approche pour la génération de tests à partir du diagramme d'états consiste à transformer le diagramme d'états en une machine à états finis étendus. Ce concept est abordé par Y.G. Kim et al. [Kim99]. En plus de cette approche, notons l'approche ayant comme principe de faire du model-checking à partir du diagramme d'états grâce à une traduction en langage

SMV [Mil92]. Le model-checking est une méthode permettant de vérifier automatiquement des systèmes à états finis.

Les deux précédentes sections nous ont permis d'aborder la génération de cas de test à partir des cas d'utilisation, en parlant des diagrammes de séquences et d'activités, et des diagrammes d'états. La section suivante aborde, toujours dans la même lignée que les autres, la génération de cas de test, mais à partir des diagrammes de collaboration.

3.4 Diagrammes de collaboration

Un diagramme de collaboration est un diagramme ayant pour but de montrer les interactions entre objets et compléter le diagramme d'objets en présentant les messages échangés entre eux. Il décrit le comportement d'un groupe d'objets dans la réalisation d'un cas d'utilisation ou d'une opération complexe. Les collaborations définissent les rôles que jouent les objets pour la réalisation d'une tâche particulière ainsi que plusieurs aspects de contrôle reliés à leurs interactions. Les collaborations incluent trois notions principales à savoir [Obj03] :

- ***ClassifierRoles*** *: définissant le rôle joué par un objet à l'intérieur de la collaboration*
- ***AssociationRole*** *: définissant les relations existantes entre « ClassifierRoles »*
- ***AssociationRole*** *: ensemble de liens individuels. Un lien est une connexion individuelle entre deux ou plusieurs objets et est une instance d'une association.*

Le diagramme de collaboration permet d'obtenir les informations sur [Gre96] :

- *Les objets impliqués dans une interaction et leur structure*
- *Les instances de séquences d'appels permis pour un objet*
- *La forme sémantique d'une opération*
- *Les types de communications entre les objets dans la collaboration*
- *Les caractéristiques d'exécution de l'objet.*

Le principe de génération de séquences de test à partir du diagramme de collaboration est intéressant et reste peu exploité. Très peu d'auteurs ont abordé ce domaine [Abd00b]. Ces derniers abordent la notion de test selon deux principes, à savoir le test statique et le test dynamique, tout en exposant des critères de test pour chacune de ces notions.

3.4.1 Le test statique

Le test statique consiste en la vérification des aspects du logiciel sans exécution, en évaluant le code. Les auteurs identifient quatre types de données véhiculées par le diagramme de collaboration pouvant être utilisé pour le test statique [Abd00b].

- ***Classifier Roles :*** *Cette donnée permet d'exprimer le rôle joué par un objet à l'intérieur d'une collaboration. Ils décrivent le type de l'objet avec un ensemble d'attributs et opérations exigées.*
- ***Collaborating Pairs :*** *un « Collaborating Pair » est une paire de « Classifier Roles » ou « Association Roles » qui sont connectés entre eux par un lien dans le diagramme de collaboration. Les liens dans un diagramme de collaboration décrivent les contraintes structurelles des « Collaborating Pairs » ainsi que leurs communications.*
- ***Message ou stimulus :*** *Un message fournit des informations sur le type de la valeur de retour, sur les structures de contrôle, sur les opérations ou méthodes invoquées sur l'objet cible et les paramètres des opérations ou méthodes invoquées. Un stimulus est une instance d'un message pouvant être un signal, une méthode ou un appel d'opération.*
- ***Local variable Definition-Usage Link Pairs:*** *Le test de cette donnée permet de trouver des anomalies de flux de données au niveau modélisation.*

3.4.2 Le test dynamique

Un diagramme de collaboration *(figure 14)* fournit un chemin complet pour un cas d'utilisation ou une opération, et aussi l'information pour tester les interactions d'objets.

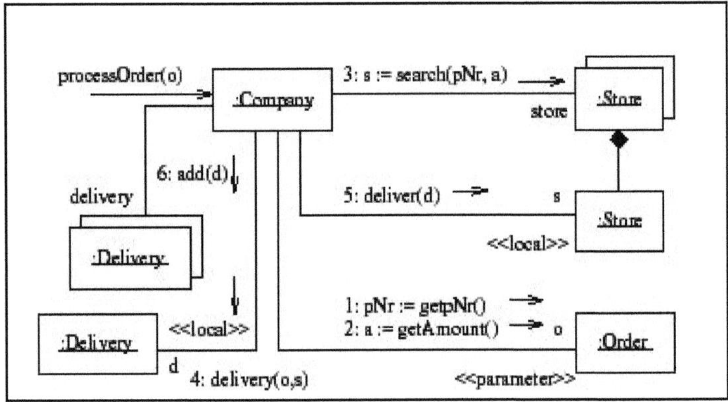

Figure 14 : Diagramme de collaboration pour une opération [Abd00b].

En partant de l'hypothèse selon laquelle il existe un diagramme de collaboration pour chaque opération, Offutt et Abdurazik exposent le critère de test dynamique comme étant le suivant : « *Pour chaque diagramme de collaboration d'une spécification, il existe au moins un cas de test t tel que, quand le logiciel est exécuté en utilisant le cas de test t, le logiciel qui implémente la séquence de messages du diagramme de collaboration doit être exécuté* » [Abd00b].

Ce critère est élaboré sur le fait que, de prime à bord, le diagramme de collaboration montre l'ordonnancement des messages pour une opération. Donc, de ce fait, il est possible d'obtenir une séquence de messages en se basant sur les numéros de séquences de chaque message.

A partir du diagramme de collaboration présenté ci haut, il nous est donc possible d'obtenir une séquence de messages présentée par la figure suivante:

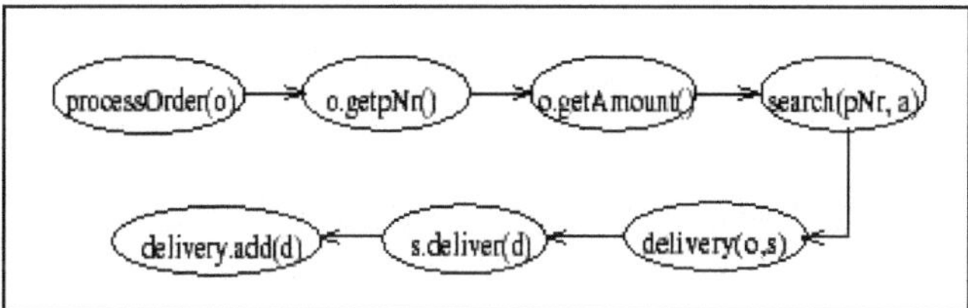

Figure 15 : Séquence de messages à partir du diagramme de collaboration ci-haut [Abd00b].

Par conséquent, tester le système se résume à vérifier si l'exécution du système pour cette opération spécifique fournit cette séquence de messages. Il nous faut donc faire une trace nous permettant de suivre le chemin suivi par l'exécution du message testé. L'article [Abd00b] présente un algorithme d'instrumentation qui est inséré dans le programme pour obtenir la trace d'exécution du message testé. Cet algorithme est illustré par la figure suivante :

```
algorithm:        Instrument (ColDiagram, Implementation)
input:            A collaboration diagram that models the
                  implementation of an operation, and the
                  implementation of the system.
output:           Instrumented code.
output criteria:  All the nodes on the message sequence path
                  should be instrumented.
declare:          msgPathNode : {actionName, linkEndObjectTypeName,
                  next}
                  curNode is type msgPathNode. curNode represents
                  the current node in the message sequence path.
                  msgPath -- A linked list of type msgPathNode
                  objects.

Instrument (ColDiagram, Implementation)
BEGIN -- Algorithm Instrument
    construct a msgPathNode for each link and its link end object
    put each msgPathNode in msgPath linked list
    curNode = first node in the msgPath
    WHILE (curNode != null)
        className = curNode.linkEndObjectTypeName
        go to the actual implementation of className in the code
        actionName = curNode.actionName
        go to the actual implementation of actionName in the code
        insert instrument in actionName method
        curNode = curNode.next
    END WHILE
END Algorithm Instrument
```

Figure 16 : Algorithme d'instrumentation [Abd00b].

Comme nous pouvons le constater, l'algorithme présenté ne fait que vérifier si le message exécuté produit le chemin de séquences de messages attendu. Cependant, la faiblesse de cette approche basée sur les diagrammes de collaboration est l'absence de contrôle au niveau des messages impliqués dans le chemin de séquences. Le diagramme de collaboration fournit des informations sur les interactions en impliquant les structures de contrôle relatives à l'exécution de ces messages (boucle, condition simple, choix).

Il faudrait donc tenir compte de ces structures de contrôle, vérifier si un message conditionné par une boucle par exemple a bien été exécuté un certain nombre de fois en se basant sur la condition de la boucle, vérifier les chemins de séquences de messages impliquant des choix multiples, etc.

Outre ces méthodes, il existe aussi des outils, tels que **SCENTOR**, oeuvrant dans la génération de cas de test à partir des diagrammes des cas d'utilisation ou encore **DAS-BOOT** pour les diagrammes d'états. Cependant, l'utilisation des diagrammes de collaboration pour la génération des cas de test est un domaine inexploité, hormis les auteurs Jeff Offutt et Aynur Abdurazik [Abd00b] ayant présenté des critères de génération de cas de test à partir de ces diagrammes. Ils n'ont, cependant, pas proposé réellement une technique de génération particulière [Bad03, Bad04].

L'approche, présentée dans ce mémoire, est une méthodologie de test basée sur le diagramme de collaboration. Elle est basée sur deux grandes étapes principales à savoir :

- *Une étape de génération de cas de test prenant en compte les interactions dynamiques entre les objets et plusieurs aspects reliés à leur contrôle. Cette étape permet d'obtenir des séquences de test correspondant aux différents scénarios d'un cas d'utilisation.*
- *Une étape de vérification incrémentale des cas d'utilisation d'un système. Cette étape utilise les séquences de test obtenues de l'instrumentation et un procédé de trace permettant de tester les cas d'utilisation.*

La suite de ce mémoire présente la nouvelle approche basée sur les diagrammes de collaboration et est organisée comme suit : le chapitre 4 présente la méthodologie de l'approche, les principales phases du processus de test proposé et donne un bref aperçu de l'architecture de l'environnement développé ainsi que les principales étapes de la technique de génération de séquences de test. Ce chapitre donne aussi un aperçu sur le processus de vérification supporté par l'approche. Le chapitre 5 présente l'environnement développé supportant l'approche présentée et le chapitre 6 les résultats des études de cas effectuées pour évaluer l'environnement. Finalement, le chapitre 7 présente quelques conclusions et perspectives au présent travail.

CHAPITRE

4

GÉNÉRATION DE CAS DE TEST À PARTIR DU DIAGRAMME DE COLLABORATION : UNE NOUVELLE APPROCHE

4.1 Introduction

Le diagramme de collaboration UML, qui décrit le comportement d'un groupe d'objets à travers leurs interactions, se présente sous deux formes [Obj03]:

- *Le diagramme de collaboration au niveau spécification qui fait référence à l'ensemble des classes et associations impliquées dans la collaboration pour la réalisation d'une tâche particulière.*
- *Le diagramme de collaboration au niveau instance qui montre les instances impliquées dans une interaction.*

Le diagramme de collaboration au niveau instance permet d'obtenir des informations telles que les arguments des opérations, les caractéristiques des variables (locales et globales), les contraintes liées aux associations et la construction ou destruction d'objets [Off01] [Obj03]. A ce niveau en particulier, de part les informations importantes qu'il décrit, le diagramme de collaboration constitue une véritable source d'informations pour la description (réalisation en termes de collaboration d'objets) d'une opération.

Cependant, force est de constater que malgré les aspects importants qu'ils permettent de spécifier entre un groupe d'objets dans une collaboration, les diagrammes de collaboration présentent une légère insuffisance [Bad02b]. Cette insuffisance réside essentiellement dans le fait que toutes les structures de contrôles liées aux interactions ne sont pas spécifiées de manière précise. Il est donc important de renforcer cette description afin de pouvoir générer les différents scénarios possibles dans une collaboration. La figure suivante présente des extensions qui ont été proposées afin de combler cette insuffisance. Ces extensions permettent de spécifier de façon explicite l'exclusion entre plusieurs méthodes selon une condition donnée et aussi une meilleure expression de l'itération selon une condition donnée [Bad02b].

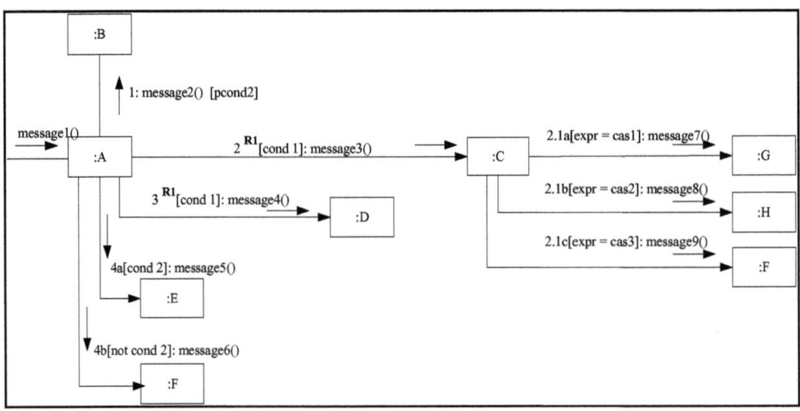

Figure 17 : Exemple d'un diagramme de collaboration.

L'exemple présenté par la figure 17 montre les extensions apportées. Une première extension *(1:message2()[pcond2])* introduit la notion de post condition au niveau des messages. S'il existe une post condition donnée pour *un message i* alors le *message i+1* sera exécuté (durant le processus de vérification supporté) *si et seulement si la post condition est validée*. Hormis la notion de post condition, nous pouvons aussi voir que les messages 7, 8 et 9 sont exclusifs. Il n'y aura qu'un seul message qui sera exécuté selon la condition spécifiée. Par ailleurs, les messages 3 et 4 seront exécutés dans la même itération. Cette spécification est faite par l'utilisation de code pour représenter le type de l'itération et un numéro permettant d'identifier l'itération (1 dans cet exemple). Nous avons trois types d'itération remplaçant le caractère * utilisé dans la notation UML :

- *répéter (« repeat ») : présenté dans cet exemple et ayant pour code R*
- *pour (« for ») : avec comme code F et*
- *tant que (« while ») : avec comme code W.*

Ces différentes extensions permettront de décrire de façon précise les différentes structures de contrôle et les conditions liées aux interactions. Toutefois, pour pouvoir utiliser ces informations, il faudrait être en mesure de les extraire des diagrammes de collaboration. La section suivante présente un langage permettant de traduire ces informations, d'une notation graphique vers une description textuelle formelle pour utilisation ultérieure.

4.2 LDC: Langage de description des Diagrammes de Collaboration

Le langage LDC est un langage permettant de décrire de manière textuelle et formelle un diagramme de collaboration. Il permet de décrire les informations de haut niveau contenues dans la spécification d'une collaboration entre un groupe d'objets ainsi que plusieurs détails liés à leurs interactions [Bad03] (messages déclenchant la collaboration, les différentes interactions, l'ordre des interactions, les structures de contrôle et les conditions conduisant aux interactions, les pré et post conditions reliées aux messages, etc..).

Le langage LDC n'est pas un langage en remplacement du langage UML [Obj03], mais constitue plutôt un outil complémentaire. Il présente deux avantages :

- *La description LDC permet de supporter une vérification de la conformité d'une partie des résultats obtenus par rapport aux résultats attendus (post conditions).*
- *Il permet d'effectuer certains contrôles sémantiques statiques d'une part, et d'autre part de s'assurer de la conformité du diagramme de collaboration au diagramme d'états des objets impliqués dans la collaboration.*

4.2.1 Grammaire du langage LDC

La grammaire du langage LDC (annexe A) se divise en deux grandes parties à savoir les *déclarations* (objets et messages impliqués) et les *messages* (descriptions des messages). La partie *déclarations* permet de déterminer les objets et les messages impliqués dans le diagramme de collaboration. Cette partie nous offre la possibilité de faire une analyse sémantique.

La partie *messages_objets*, quant à elle, décrit chacun des messages impliqués dans le diagramme de collaboration. Elle contient les différents termes présents dans la notation UML d'un message :

prédécesseur séquence-expression valeur-de-retour := message liste-des-arguments

Chaque élément de la notation de base constitue une source d'informations très importante.

prédécesseur: liste de numéros de séquences, correspondant à des numéros de séquences de messages du diagramme de collaboration, devant être exécutés avant le message en question.

séquence-expression : cette expression comprend le numéro de séquence du message (pour établir l'ordonnancement des messages), une clause de condition (condition à respecter avant exécution du message) ou d'itération (exécution du message un certain nombre de fois dépendamment d'une condition) facultative.

valeur-de-retour : valeur de retour, s'il y a lieu, du message.

message : nom du message.

liste-des-arguments : liste des arguments, s'il y a lieu, nécessaire pour l'exécution du message.

En plus de ces différents éléments présents dans la notation de base, il faut noter l'apport de l'élément *post condition* à la notation. Cet élément permet de spécifier l'existence de conditions à respecter après exécution du message. Cet élément joue un rôle important dans le processus de vérification (présenté ultérieurement). La grammaire complète du langage LDC est fournie à l'annexe A ainsi qu'un exemple de description d'un diagramme de collaboration en annexe B. Le langage LDC joue un rôle important dans l'approche de génération de cas de test à partir du diagramme de collaboration.

4.3 Une nouvelle approche

L'approche présentée dans ce mémoire est organisée en deux principaux processus, à savoir les processus de génération des séquences de test et de vérification de la conformité aux spécifications.

4.3.1 Processus de génération de séquences de test

Le processus de génération de séquences de test prend en compte les différents aspects du contrôle spécifiés dans la description LDC d'un diagramme de collaboration. Le but principal de ce processus est de déduire, à partir d'une analyse de la description LDC, un ensemble de chemins théoriques couvrant l'ensemble des scénarios et tenant compte de la nature des interactions entre objets (conditionnelle, inconditionnelle, itérative, ordre des messages, etc.) [Bad02a, Bad02b]. Il faut comprendre par la notion de chemin, une exécution particulière d'un cas d'utilisation. Chaque chemin constitue en soi une séquence de test. Ce processus comporte trois étapes principales :

- *La construction du graphe de contrôle réduit aux messages*
- *La construction de l'arbre des messages*
- *La génération des séquences de test*

4.3.1.1 Construction du graphe de contrôle réduit aux messages

Cette étape a pour objectif, à partir de la description LDC du diagramme, de construire les graphes de contrôle réduits aux messages de chaque opération. Ces graphes de contrôle permettent d'avoir une vue générale et synthétique du contrôle dans la collaboration (différents scénarios possibles). Ces graphes de contrôle sont obtenus suite à une analyse de la description LDC. Elle permet d'obtenir une synthèse des algorithmes des différentes opérations impliquées dans la collaboration. La figure suivante illustre un exemple de graphe de contrôle réduit aux messages correspondant à l'opération déclenchant la collaboration décrite dans la figure 17.

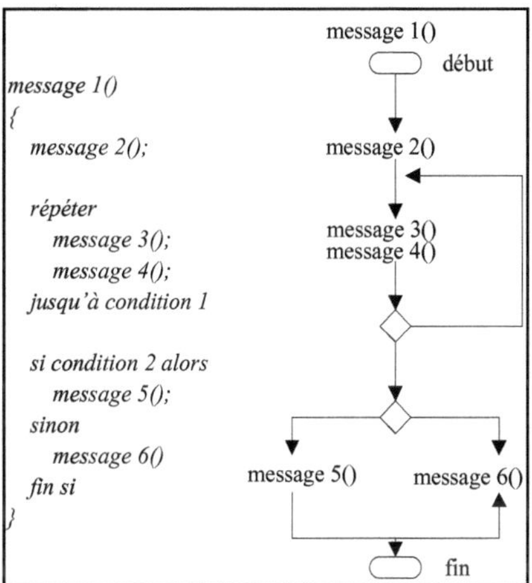

Figure 18 : Graphe de contrôle réduit aux messages.

4.3.1.2 Construction de l'arbre des messages

La construction de l'arbre des messages est faite à partir des graphes de contrôle réduits aux messages. Ces graphes de contrôle permettront de produire la séquence principale qui servira de socle au processus de construction de l'arbre des messages. Lors de la génération des séquences principales, plusieurs notations sont utilisées pour exprimer différentes possibilités. La séquence principale et les notations utilisées nous permettront d'engendrer les différentes séquences correspondant aux différents cas de test possibles. Ces notations sont les suivantes :

- *{séquence} exprime la répétition 0 ou plusieurs*
- *(séquence 1 / séquence 2) exprime l'alternative entre les séquences 1 et 2*
- *[séquence 1] exprime la possibilité que la séquence 1 soit exécutée ou non.*

Cette séquence principale sera à la base du processus de construction de l'arbre des messages. Le point d'entrée de l'arbre sera représenté par l'opération déclenchant la collaboration. La séquence et l'arbre des messages qui seront dérivés du graphe de contrôle *(voir figure 18)* sont montrés par les figures suivantes :

A.message 1()
B.message 2()
{C.message 3(), D.message 4()}
(E.message 5() / F.message 6())

Figure 19 : Séquence principale.

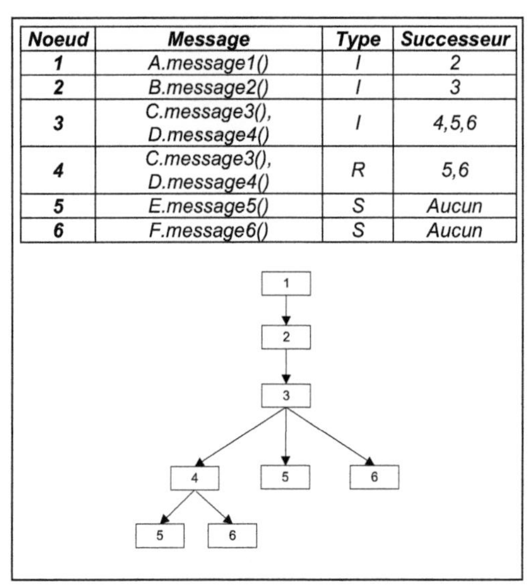

Noeud	*Message*	*Type*	*Successeur*
1	*A.message1()*	*I*	*2*
2	*B.message2()*	*I*	*3*
3	*C.message3(), D.message4()*	*I*	*4,5,6*
4	*C.message3(), D.message4()*	*R*	*5,6*
5	*E.message5()*	*S*	*Aucun*
6	*F.message6()*	*S*	*Aucun*

Figure 20 : Arbre des messages.

À partir de la séquence principale *(figure 19),* nous pouvons engendrer les différentes séquences correspondant aux différents cas possibles de l'exécution de l'opération (cas d'utilisation ou opération). Chaque message dans cette séquence sera remplacé par sa propre séquence principale. Le processus de substitution s'arrête aux messages qui constituent les feuilles de l'arbre *(figure 20).* Ces dernières correspondent aux opérations qui n'appellent aucune autre opération.

4.3.1.3 Génération et réduction des séquences de test

Après avoir construit l'arbre, nous abordons l'étape cruciale de la génération des séquences de test. La technique proposée consiste à générer, à partir de l'arbre des messages correspondant au diagramme de collaboration, l'ensemble des chemins théoriques en tenant compte des conditions liées aux interactions (pré et post conditions). L'arbre des messages *(figure 20)* est parcouru pour déterminer les chemins correspondant à une séquence de test donnée. Cette étape a pour objectif d'identifier parmi l'ensemble des chemins théoriques possibles un ensemble intéressant de chemins exécutables. C'est cet ensemble de chemins obtenus après réduction qui sera utilisé pour générer les séquences de test. Pour permettre cette réduction des chemins théoriques, deux règles ont été retenues :

Chemins infaisables *: l'analyse des prédicats de parcours des chemins théoriques permet de déterminer les chemins infaisables.*

Réduction des cycles *: les diagrammes de collaboration qui présentent des parties itératives dans les interactions entre les objets peuvent engendrer un nombre important (voire infini) de chemins. Pour des raisons évidentes, nous ne pouvons tester tous ces chemins. Nous considérons l'hypothèse que ces chemins constituent une famille de chemins similaires (en ce qui concerne la partie itérative) et de ce fait, tester un seul chemin (une seule itération) devrait suffire. Cette hypothèse a pour avantage de réduire considérablement le nombre de chemins.*

En partant de l'arbre des messages présenté par la figure 20, nous générons un ensemble de séquences de test présenté par la figure suivante.

A.message 1() ,B.message 2(), C.message 3(), D.message 4(), C.message 3(), D.message 4(), E.message 5()
A.message 1() , B.message 2(), C.message 3(), D.message 4(), C.message 3(), D.message 4(), F.message 6()
A.message 1(), B.message 2(), C.message 3(), D.message 4(), E.message 5()
A.message 1(), B.message 2(), C.message 3(), D.message 4(), F.message 6()

Figure 21 : Séquences de messages générées.

4.3.2 Processus de vérification

Le processus de vérification est un processus itératif basé sur la complexité des cas d'utilisation [Bad03, Bad04]. Il introduit le concept connu de complexité cyclomatique dans le contexte des cas d'utilisation.

4.3.2.1 Complexité cyclomatique

La complexité cyclomatique est une des métriques les plus largement utilisées. Introduite par T.J. McCabe, elle mesure le nombre de chemins indépendants à travers un module [Mcc76, Mcc82, Mcc89]. Elle procure un moyen simple qui permet de comparer la complexité structurelle des programmes. Nous utilisons la complexité cyclomatique pour déterminer les cas d'utilisation les plus complexes en partant du principe qu'un cas d'utilisation est complexe si son nombre de chemins (en d'autres termes, le nombre de séquences de test) est élevé. Sachant qu'un graphe de contrôle possède n nœuds (blocs d'instructions séquentielles) et e étant le nombre d'arcs (branches suivies par le programme), la complexité cyclomatique v est déduite de la formule suivante :

$$\boxed{v = e - n + i + s}$$

Cette formule est utilisée lorsque nous avons *i* points d'entrées et *s* points de sortie au niveau du graphe de contrôle. Cependant, le graphe de contrôle produit par l'environnement développé possède un point d'entrée et un point de sortie. Au vu de ces données, la complexité cyclomatique telle que décrite par **T. J. McCabe** se calcule de la manière suivante :

$$\boxed{v = e - n + 2}$$

Le nombre cyclomatique, déduit de la formule précédente, permet d'avoir une évaluation du nombre de chemins indépendants dans le graphe de contrôle et de ce fait, un indice sur l'ensemble des séquences nécessaires pour le test. La complexité cyclomatique est utilisée à l'intérieur de la nouvelle approche comme indicateur de la testabilité des cas d'utilisation. Elle permet d'avoir une indication sur l'effort nécessaire pour tester les différents scénarios d'un cas d'utilisation. Le test d'un cas d'utilisation est régi par plusieurs étapes *(figure 22)*. Le processus de test a pour objectif d'exécuter, pour chaque cas d'utilisation décrit, au moins une fois les séquences retenues et de vérifier leur conformité à la spécification.

```
Pour chaque cas d'utilisation décrit par un diagramme de collaboration
  {
    Génération des séquences de test correspondantes
    Pour chaque séquence Si
     {
       Définition des données en entrée et des résultats attendus
       Exécution du programme
       Vérification du chemin (séquence de messages) exécuté
       Vérification des résultats
       Réduction de la séquence testée (couverture de test)
     }
    Réduction du cas d'utilisation testé (couverture de test)
  }
```

La nouvelle méthodologie de génération de cas de test à partir du diagramme de collaboration est supportée complètement par un environnement présenté dans le chapitre suivant.

CHAPITRE

5

UN ENVIRONNEMENT DE TEST POUR LA VALIDATION DES CAS D'UTILISATION

5.1 Un environnement pour la génération de cas de test

Pour soutenir l'approche présentée précédemment, un environnement a été développé. Cet environnement *(figure 23),* entièrement implémenté avec le langage JAVA, permet à partir de la description LDC d'un diagramme de collaboration de générer les séquences (cas) de test appropriées. Chacune des séquences de test peut être exécutée automatiquement. Une trace d'exécution est récupérée. Elle permet de vérifier si l'exécution de la séquence a emprunté le chemin défini par celle-ci et de vérifier la conformité des résultats aux post-conditions spécifiées. Pour chaque fichier LDC (fichier descriptif du diagramme de collaboration), les taux de couverture de test correspondant au diagramme de collaboration décrit sont calculés et sauvegardés dans un fichier Excel, permettant ainsi de synthétiser les résultats des tests.

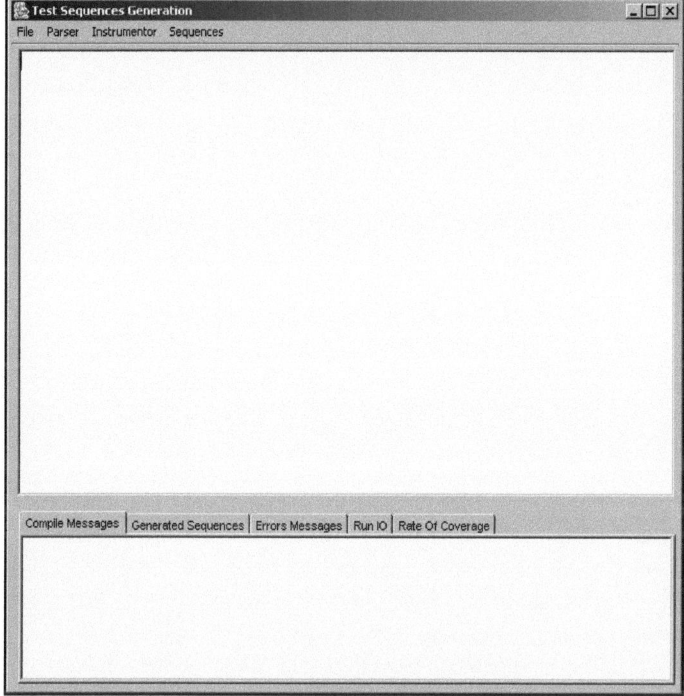

Figure 23 : Présentation de l'environnement.

L'environnement développé offre en fait plusieurs fonctionnalités. Chacune d'elles est présentée de manière détaillée dans la section suivante et est liée aux différentes étapes de l'approche. Les principales étapes de génération des cas de test sont :

- *Analyse du fichier LDC,*
- *Génération des séquences de test,*
- *Instrumentation du code pour le test et enfin*
- *Exécution des séquences et récupération des résultats.*

5.1.1 Analyse du fichier

Cette première étape permet l'analyse d'un fichier LDC *(figure 24)* correspondant à la description d'un diagramme de collaboration. Avant de pouvoir générer les séquences de test, il faut d'abord vérifier la conformité de la description élaborée à la grammaire du langage LDC. Grâce à cette analyse, les erreurs syntaxiques et certaines erreurs sémantiques seront corrigées.

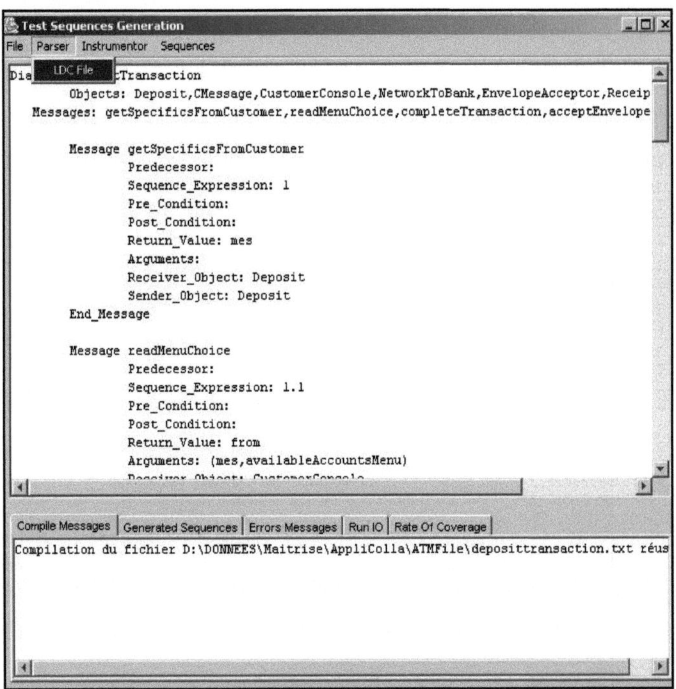

Figure 24 : Analyse d'un fichier L. D. C.

5.1.2 Génération des séquences de test

La deuxième étape porte sur la génération des séquences de test *(figure 25)*. Elle se base sur les différents aspects présents dans la notation d'un message et surtout sur les aspects de contrôle apparaissant dans un diagramme de collaboration. Cette étape cruciale a pour principal objectif de générer un ensemble de chemins théoriques à partir du fichier de description LDC d'un diagramme de collaboration en tenant compte de la nature des interactions entre objets (conditionnelle, inconditionnelle, itérative, ordre des messages, exclusion entre les messages, etc.). Il est bon de noter que chacun de ces chemins générés correspond à une exécution particulière du cas d'utilisation et, donc, sera utilisé comme une séquence parmi tant d'autres.

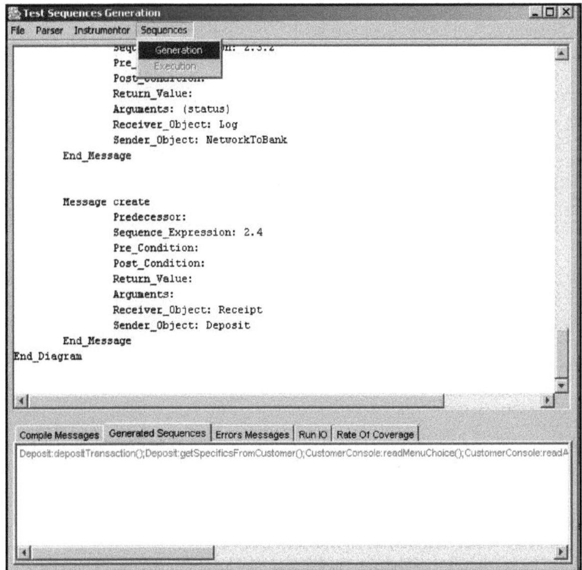

Figure 25 : Génération de séquences de test.

Cette étape comporte trois sous étapes qui sont :

- *La construction du graphe de contrôle des messages,*
- *La génération des séquences principales et*
- *La génération des séquences finales.*

Chacune de ces sous étapes a été décrite de manière succincte dans le chapitre précédent. La construction du graphe de contrôle nécessite une sous étape de traduction du fichier LDC en algorithmes. En effet, une fois le fichier analysé et la génération de séquences de test lancée, on produit les algorithmes des opérations impliquées dans la collaboration. Ces algorithmes sont réduits aux interactions entre objets et tiennent compte du contrôle. Ils serviront de base à la construction des graphes de contrôle *(figure 18)* des opérations impliquées dans la collaboration. Ces graphes de contrôle permettront de produire la séquence principale *(figure 19)* qui servira de socle au processus de construction de l'arbre des messages *(figure 20)*. Ces mêmes graphes de contrôle sont synthétisés pour produire le graphe de contrôle global de l'opération décrite par le diagramme de collaboration (opération déclanchant la collaboration). Une fois le graphe de contrôle global construit, la complexité cyclomatique sera calculée. Le total des séquences générées doit être équivalent au nombre cyclomatique calculé lors de la construction du graphe de contrôle général.

Une fois les séquences de test générées, on entame l'étape du test. Pour se faire, il faut pouvoir suivre les différents chemins pris par le programme lors de l'exécution pour déterminer s'il correspond à la séquence de test exécutée. L'instrumentation du code, étape décrite ci-dessous, permet de résoudre ce problème.

5.1.3 Instrumentation du code pour le test

L'instrumentation du code est une étape intermédiaire et importante entre l'étape de génération de séquences de test et l'étape de test. Elle permet d'insérer des marqueurs spécifiques dans chacune des méthodes impliquées dans la collaboration. Ces marqueurs nous permettront de suivre le chemin pris par le programme lors de l'exécution d'une séquence particulière. Cette instrumentation se divise en trois types. Le premier type d'instrumentation est constitué d'instructions qui, peu importe l'existence de pré- conditions ou de post-conditions, est toujours injecté dans le code. Ce premier type d'instrumentation se résume à l'insertion de deux instructions présentée par la figure qui suit.

```
Test.ecrire("nom_de_classe:nom_méthode()");
Test.checkDebug("nom_de_classe:nom_méthode()");
```

Figure 26 : Code inséré dans toute méthode lors de l'instrumentation.

Quant aux deux autres types d'instrumentation, ils sont dépendants de l'existence de pré- conditions et/ou de post-conditions. Advenant le cas, où il existe une précondition et/ou une post-condition, une fonction permettant de vérifier la précondition et la post- condition, ainsi que des instructions permettant de vérifier la validité de celles-ci sont générées automatiquement et insérées dans le code (Instrumenteur – Analyseur Java). Seule la post-condition est prise en compte présentement par l'environnement. Lorsqu'il y a présence de post condition au niveau du fichier LDC, les instructions et la fonction *(figure 28)* sont insérées dans le code de la méthode pour laquelle la post-condition est valable. Ces instructions sont insérées comme dernières instructions à exécuter au niveau de la méthode en question.

```
if(!(postCond_nomMéthode()))
  {
    Test.writePostPre("Failure: Post condition related to the
                        message ","nom_méthode","is not valid");
    Test.stopExit();
  }
```

Figure 27 : Code pour la vérification de la validité de la post condition

```
private boolean postCond_nom_méthode()
 {
   return post condition;
```

Figure 28 : Méthode permettant de vérifier la post condition.

Une fois l'instrumentation du code effectué, il est maintenant possible de passer au test proprement dit.

5.1.4 Exécution des séquences et récupération des résultats

Le test consiste en l'exécution de chacune des séquences générées par l'environnement. Lors de l'exécution d'une séquence de test particulière, une classe de test est créée automatiquement. Cette classe permet de lancer l'exécution du message décrit par le fichier LDC. Cette classe est présentée en annexe C du document.

L'exécution d'une séquence de test comprend les deux étapes suivantes:

- *L'étape de compilation des classes*
- *L'étape d'exécution.*

5.1.4.1 Étape de compilation des classes

L'étape de compilation ou recompilation plus exactement, suite à l'opération d'instrumentation, permet la compilation de toutes les classes du système sous test. Cette compilation se fait par le biais d'une méthode permettant d'exécuter un programme en parallèle (simultanément).

5.1.4.2 Étape d'exécution

Tout comme l'étape de compilation, l'étape d'exécution est aussi effectuée par le biais de la méthode permettant l'exécution d'un programme en parallèle (simultanément). La commande utilisée pour l'exécution de la séquence est la suivante :

```
if ((osVersion.equals("Windows 98")) || (osVersion.equals("Windows 95")))
    command = new String("command \\c start command \\c java Test");
  else
    command = new String("cmd.exe /c start "+'"'+"Execution Application
                  "+'"'+"/i /wait cmd.exe /c java Test ");
```

Figure 29 : Génération de la commande pour l'exécution de la séquence de test, dépendamment du système d'exploitation (version Windows) utilisé.

Une fois l'exécution lancée et effectuée, le résultat du test est capturé et présenté dans une fenêtre affichant les séquences réellement exécutées ainsi que les séquences prévues. Nous avons à ce stade trois types de messages en fonction des résultats de cette étape se divisant en deux groupes :

- *Un message indiquant que la séquence obtenue correspond à celle attendue (figure 30 a)*
- *Un message indiquant que la séquence obtenue ne correspond pas à celle attendue (figure 30b)*

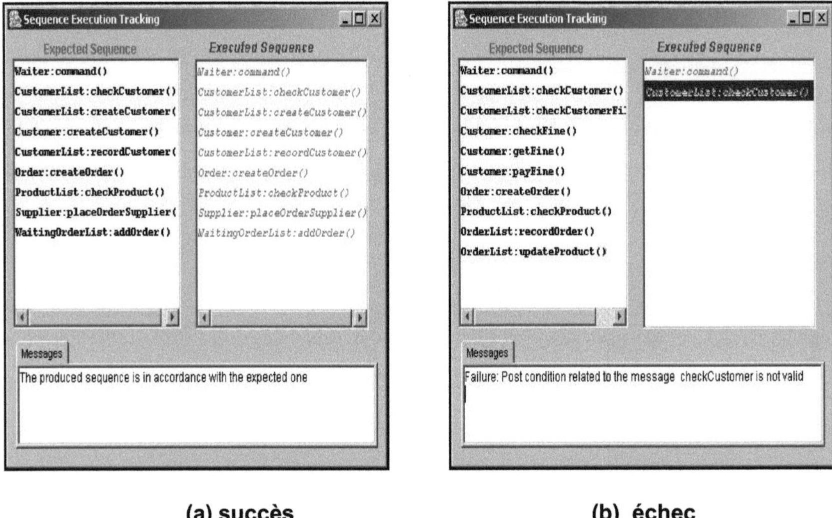

(a) succès **(b) échec**

Figure 30 : Processus de vérification (a) succès (b) échec.

La méthode permettant de lancer la compilation des classes ou l'exécution d'une séquence est présentée en annexe D du document.

Pendant l'exécution d'une séquence, deux fichiers qui serviront au calcul du taux de couverture de test sont créés. Ces couvertures de test sont régies par des critères de test. Les critères de test ainsi que leurs couvertures correspondantes permettent de déterminer les séquences exécutées (couverture des séquences : scénario principal et ses alternatives) et, par conséquent, les séquences qui restent à exécuter. Deux types de critères de test ont été définis [Bad03, Bad04]:

- *Interactions entre les méthodes*
- *Séquences de messages.*

5.1.4.2.1 Interactions entre les méthodes

Ce critère permet de vérifier si chaque interaction a été exécutée au moins une fois. Si une interaction existe dans un diagramme de collaboration, cela sous-entend que cette interaction est susceptible d'être exécutée lors d'une séquence définie par un chemin d'exécution. Donc, de ce fait, chaque interaction dans le diagramme de collaboration doit être exécutée au moins une fois. Pour vérifier ce critère, la couverture des interactions est définie comme suit :

$$IC = \frac{Nombre\ des\ interactions\ exécutées\ (NEI)}{Nombre\ total\ des\ interactions\ dans\ le\ diagramme\ (NIC)}$$

Si le calcul de la couverture des interactions nous donne 1 (100%), alors toutes les interactions dans le diagramme ont été exécutées au moins une fois.

5.1.4.2.2 Séquences de Messages

Ce critère permet de s'assurer que toutes les séquences retenues (générées) par l'environnement ont été exécutées, dans leur totalité, au moins une fois. Cela permet de couvrir l'ensemble des scénarios possibles d'exécution des cas d'utilisation (ou opérations).

Comme il est mentionné ci-dessus, le calcul de la couverture des interactions certifie si toutes les interactions ont été exécutées au moins une fois. Bien que toutes les interactions soient exécutées au moins une fois, cela ne garantit pas que toutes les séquences de test ont été exécutées au moins une fois de manière complète. S'assurer que chaque séquence de test est exécutée complètement au moins une fois garantit que tous les scénarios implémentés pour le message, décrit par le diagramme de collaboration, seront exécutés au moins une fois.

La couverture des séquences (SC) est définie comme suit :

$$SC = \frac{Nombre\ de\ séquences\ exécutées\ (NES)}{Nombre\ de\ séquences\ retenues\ (NRS)}$$

S'assurer que les deux couvertures de test, interactions entre méthodes et séquences de messages, nous donnent 100%, permet de s'assurer que l'implémentation du diagramme de collaboration est complètement testée.

L'environnement permet la génération de séquences de test, l'instrumentation du code à tester, le calcul de la complexité cyclomatique et le test qui est appuyé par le calcul des taux de couverture de test. Toutes les étapes, en partant de l'analyse du fichier LDC jusqu'à l'instrumentation pour le test, sont résumées et présentées par la figure suivante :

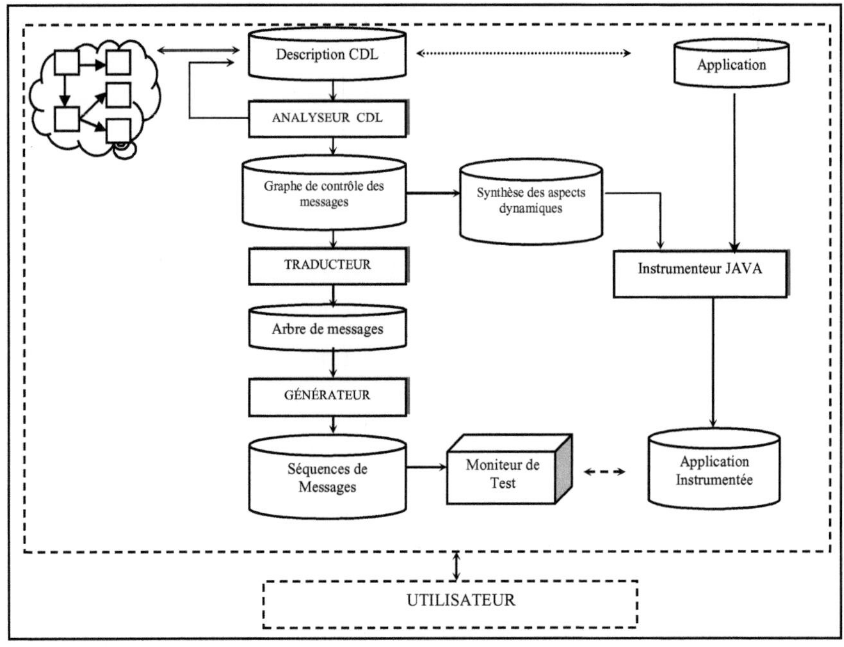

Figure 31 : Schéma récapitulatif des différentes étapes de l'environnement.

CHAPITRE

6

ÉVALUATION DE L'ENVIRONNEMENT : UNE ÉTUDE EXPÉRIMENTALE

6.1 Introduction

Dans le chapitre précédent, nous avons présenté un environnement entièrement implémenté à l'aide du langage JAVA. Il supporte essentiellement la génération de cas de test, à partir d'une analyse des descriptions formelles des diagrammes de collaboration d'une application sous test, d'une part, et le processus de vérification, d'autre part.

Ce chapitre présente le contexte et les résultats d'une étude expérimentale que nous avons effectuée dont l'objectif principal est d'évaluer la méthodologie présentée ainsi que l'environnement implémenté la supportant. Dans un premier temps, nous présenterons un résumé de la démarche (processus de test) ainsi que les différentes catégories d'erreurs injectées dans les applications utilisées comme études de cas. Ensuite, nous présenterons d'une manière générale les différentes applications utilisées lors de l'étude expérimentale. Enfin, nous procéderons à la présentation et à l'interprétation des résultats obtenus lors de l'expérimentation. Nous donnerons, lors de cette présentation, un aperçu sur quelques fonctionnalités importantes.

6.2 Processus de test

Plusieurs approches ont été utilisées pour l'évaluation de techniques et d'environnements de test. Parmi ces approches, nous pouvons citer le *test basé faute (fault-based testing). Le test basé faute* est un test permettant de déterminer, détecter les fautes ou défauts existants dans un programme [Hay94]. Il permet de prouver l'existence d'erreurs et non leur absence [Hay94]. Cette approche couvre plusieurs techniques telles que le test en utilisant des mutants *(mutation testing)* [Ric93] [Off95] [Off96a] [Off96b], la méthode d'injection de fautes *(fault injection method)*[Mei97], la technique basée sur le graphe de contrôle *(flow graph-based technique)*[Joh96].

La méthodologie présentée utilise la technique basée sur le graphe de contrôle. Le graphe de contrôle est utilisé pour générer les cas de test correspondant aux chemins exécutables. Pour l'expérimentation, la technique utilisée pour le test est l'injection d'erreurs. Cette méthode consiste à injecter des erreurs dans le système et lancer l'exécution des différents cas de test. Il s'agit alors d'évaluer les capacités de l'environnement (et indirectement de la méthode) à détecter les erreurs injectées qui sont de différentes natures.

6.3 Nature des erreurs injectées

Les erreurs injectées dans le code pour l'évaluation de l'environnement se présentent sous plusieurs catégories. Tout d'abord, nous avons les erreurs de type analytique ayant pour but de vérifier la syntaxe et la sémantique des fichiers LDC. Ces erreurs ne constituent pas en soi un argument de validité de la robustesse de l'environnement car l'environnement se doit de valider les fichiers LDC. Mis à part ces erreurs, nous avons les erreurs injectées dans le code des applications. Celles-ci sont de différentes natures. Elles peuvent provoquer la déviation du déroulement du programme, provoquant ainsi l'exécution d'une séquence non conforme. Elles permettent aussi de vérifier la capacité de l'environnement à détecter des erreurs au niveau du non-respect des post-conditions spécifiées.

6.4 Présentation des études de cas

Cette section a essentiellement pour objectif de présenter les différentes applications utilisées pour l'évaluation. Nous donnerons, pour chaque application, un tableau récapitulatif portant sur quelques statistiques descriptives (nombre de classes, nombre d'attributs, nombres de méthodes, etc.). Ceci nous donnera un aperçu de leur taille ainsi que de leur structure. Outre le tableau récapitulatif du système, un tableau présentant les résultats de l'évaluation sera discuté.

6.4.1 Étude de cas 1 : Système ATM

Système	Nombre de classes	Total des attributs	Total des méthodes
ATM	22	74	73

Tableau 2 : Description du système ATM.

Le système utilisé dans le cadre de cette première étude de cas est un système permettant la simulation d'un distributeur automatique de billets (ATM : Automated Teller Machine). Le tableau 2, ci-dessus, présente les caractéristiques du système (nombre de classe, d'attributs et de méthodes). Les codes sources, cas d'utilisations et diagrammes divers de ce système ont été téléchargés à partir du site :
http://www.math-cs.gordon.edu/local/courses/cs211/ATMExample/index.html
.

En plus des codes sources des différentes composantes du système, nous avons les diagrammes de collaboration de certains cas d'utilisation, ainsi que les diagrammes de séquences. Ces derniers ont été traduits en diagrammes de collaboration. Les résultats de l'évaluation sont présentés dans le tableau ci-dessous (tableau 3). Plusieurs erreurs ont été injectées dans le code de ce système. Nous nous sommes intéressés à la capacité de l'environnement de les détecter (détection de défaillance par rapport aux spécifications établies). Le tableau 3 présente les résultats d'évaluation du système ATM.

Système ATM									
	Cas 1	Cas 2	Cas 3	Cas 4	Cas 5	Cas 6	Cas 7	Cas 8	Cas 9
NI	8	12	8	8	5	3	8	5	7
CC	2	1	4	1	1	1	4	1	1
NS	2	1	5	1	1	1	4	1	1
NEI	10	14	14	8	5	5	10	5	8
NED	7	12	12	7	5	5	10	4	7
NEND	3	2	2	1	0	0	0	1	1

Légende :

NI	=	**Nombre des Interactions**
CC	=	**Complexité Cyclomatique**
NS	=	**Nombre des Séquences**
NEI	=	**Nombre des Erreurs Injectées**
NEND	=	**Nombre des Erreurs Non Détectées**
NED	=	**Nombre des Erreurs Détectées**

Tableau 3 : Tableau récapitulatif de l'évaluation de l'environnement avec le système ATM.

6.4.1.1 Interprétation des résultats

Le système ATM comprend 9 diagrammes de collaboration, avec un total de 17 séquences *(voir tableau 3)*. Sur l'ensemble des erreurs injectées, 86% des erreurs ont été découvertes laissant donc 14% d'erreurs non découvertes. Comment s'est passée l'expérimentation au niveau de cette première étude de cas ? Tout d'abord, les séquences générées ont été exécutées sans injection d'erreurs pour vérifier leur intégrité. Ensuite, pour chacune des séquences et chacune des méthodes impliquées dans les séquences, des erreurs ont été injectées.

Ces erreurs sont de différentes natures. Nous avons, comme erreur, la suppression d'une méthode impliquée dans une séquence de test, l'injection d'erreurs provoquant la déviation de l'exécution et d'autres reliées aux post-conditions.

Si nous prenons par exemple la suppression d'une méthode, ceci consiste à la rendre inopérante au niveau d'une séquence de test. Ainsi, lors de l'exécution de la séquence concernée, le chemin attendu ne sera pas respecté parce que l'une des méthodes ne sera pas exécutée. Pour illustrer cette erreur, prenons le cas du cas d'utilisation System Startup dont le diagramme de collaboration est présenté ci-dessous.

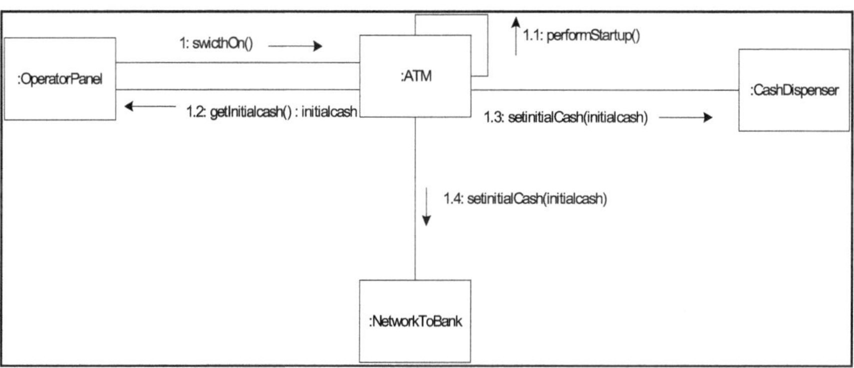

Figure 32: Diagramme de collaboration du cas d'utilisation System Startup.

Ce cas d'utilisation comprend une séquence. Avant l'exécution, les codes sources du système ont été instrumentés. Des marqueurs ont été insérés dans chacune des méthodes, même les constructeurs. Lors de l'exécution, chaque fois qu'une méthode est exécutée, l'environnement récupère le marqueur et vérifie si celui-ci fait partie des méthodes comprises dans la séquence. Les figures 33 (a) et 33 (b) présentent les résultats de l'exécution de la séquence de test. La figure 33(a) présente le résultat de l'exécution dans le cas d'une séquence exécutée avec succès et la figure 33(b) dans le cas d'un échec.

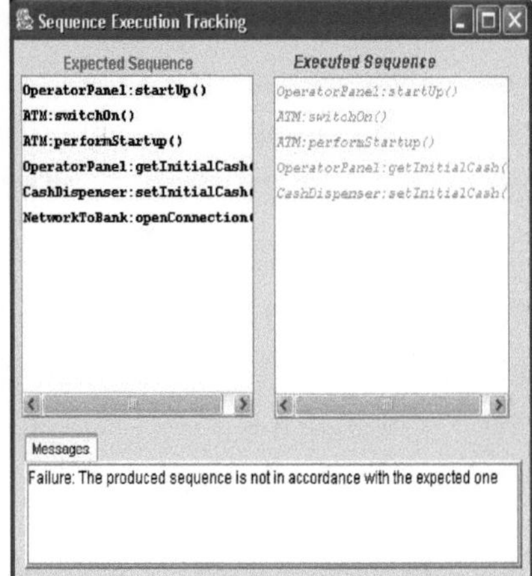

(a) Exécution avant suppression **(b) Exécution après suppression**

Figure 33: Exécution d'une séquence (a) avant et (b) après suppression d'une méthode.

6.4.2 Étude de cas 2 : Gstring

Système	Nombre de classes	Total des attributs	Total des méthodes
GString	38	152	384

Tableau 4: Description du système Gstring.

La deuxième application, dont la description est présentée par le tableau 4, utilisée pour l'évaluation de l'environnement est une librairie de composants permettant essentiellement la manipulation des chaînes de caractères.

Cette librairie est accessible gratuitement. Son code source est disponible à l'adresse suivante : http://www.tek271.com/free/gsoverview.html .

Les diagrammes de collaboration utilisés pour l'évaluation de cette étude de cas ont été générés à l'aide de l'outil *Together* vu l'absence de ceux-ci sur le site. L'outil *Together* permet, à partir d'une méthode d'une classe donnée, de générer le diagramme de séquence. Ce diagramme de séquence est par la suite traduit en diagramme de collaboration. Les résultats de cette évaluation sont présentés par le tableau suivant :

Application GString				
	Cas 1	Cas 2	Cas 3	Cas 4
NI	10	11	10	9
CC	4	6	2	11
NS	5	6	2	11
NEI	20	18	8	30
NED	16	15	7	23
NEND	4	3	1	7

Légende :

NI = Nombre des Interactions
CC = Complexité Cyclomatique
NS = Nombre des Séquences
NEI = Nombre des Erreurs Injectées
NEND = Nombre des Erreurs Non Détectées
NED = Nombre des Erreurs Détectées

Tableau 5 : Tableau récapitulatif de l'évaluation de l'environnement avec GString.

6.4.2.1 Interprétation des résultats

Pour cette application, nous avons quatre diagrammes de collaboration avec un total de vingt-deux séquences de test. Tout comme dans l'étude de cas précédente, nous avons injecté des erreurs de la même nature. Les résultats *(tableau 5)* nous donnent 80% des erreurs injectées qui ont été découvertes et 20% non découvertes. Dans l'étude de cas précédente, nous avons présenté la suppression d'une méthode impliquée dans une séquence. Outre cette catégorie d'erreur, il y a aussi les erreurs reliées aux post-conditions ainsi que les erreurs dues à une mauvaise implémentation. Prenons le cas d'erreur reliée à une post-condition. Pour l'illustrer, nous utiliserons le cas d'utilisation *createFinderString* dont le diagramme de collaboration est le suivant.

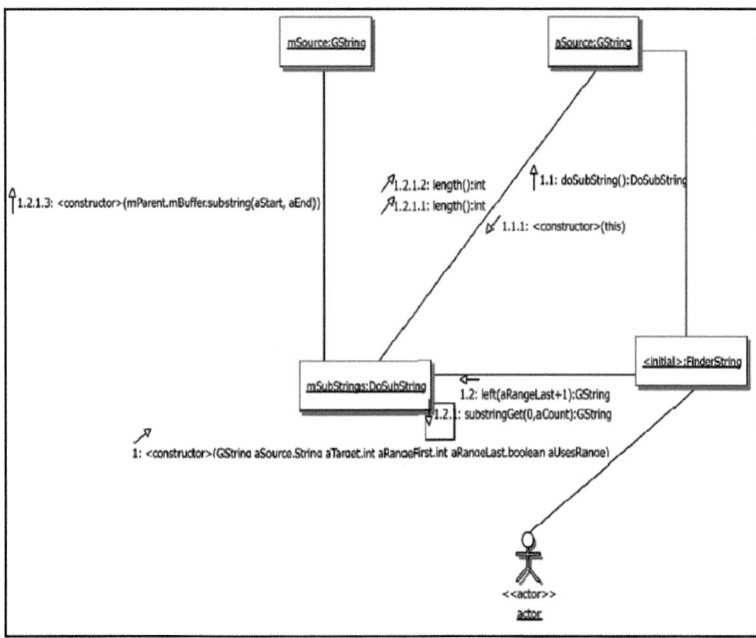

Figure 34 : Diagramme de collaboration createFinderString.

Lors de l'analyse du fichier LDC, les post-conditions sont sauvegardées dans un fichier qui sera utilisé lors de l'instrumentation *(figure 35)* pour permettre l'insertion de la post-condition dans le code de la méthode correspondante sous la forme d'une fonction.

```
public GString(String aVal)
 {
   Test.ecrire("GString:GString()");
   Test.checkDebug("GString:GString()");
   mBuffer = new StringBuffer(aVal);
   if (!(postCond_GString()))
     {
       Test.writePostPre("Failure:  Post condition
related to the   message ", "GString","is not valid");
       Test.stopExit();
  }
```

```
private boolean
postCond_GString()
    {
       return (mBuffer !=
null);
```

Figure 35: Insertion de la méthode de vérification de la post-condition.

Alors, lorsque survient l'exécution de la séquence, toujours avec le principe des marqueurs insérés lors de l'instrumentation, la post-condition est vérifiée. Advenant le cas où la post-condition n'est pas respectée *(figure 36(b))*, l'erreur est captée par l'environnement qui provoque l'arrêt de l'exécution en levant une exception.

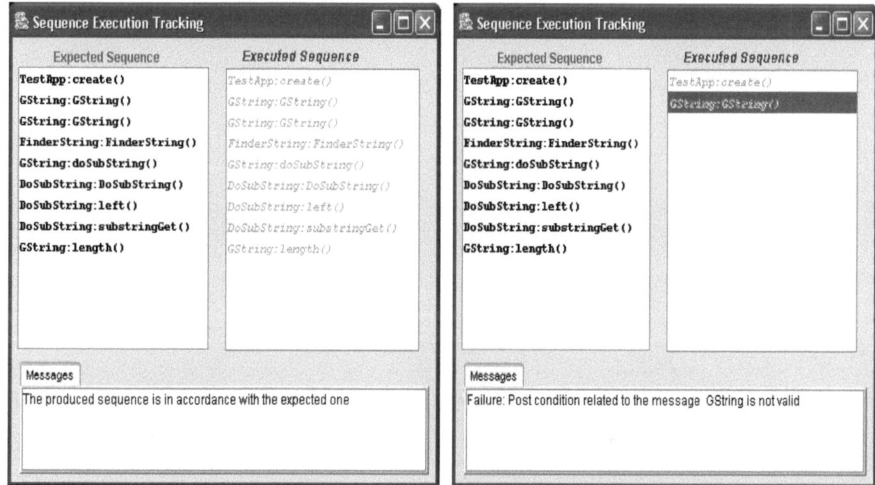

(a) Post-condition respectée **(b) Post-condition non respectée**

Figure 36: Validation de la post-condition.

6.4.3 Étude de cas 3 : Grammatica

Système	Nombre de classes	Total des attributs	Total des méthodes
Grammatica	**54**	**299**	**434**

Tableau 6 : Description du système Grammatica.

La troisième application *(tableau 6)* utilisée dans le processus d'évaluation est un générateur d'analyseurs pour les langages C# et Java. Le code source de cet outil est disponible à l'adresse suivante :

http://www.nongnu.org/grammatica/ .

Application Grammatica						
	Cas 1	Cas 2	Cas 3	Cas 4	Cas 5	Cas 6
NI	3	15	11	10	3	12
CC	2	4	2	1	1	9
NS	2	4	2	1	1	9
NEI	8	18	18	12	8	18
NED	8	14	16	10	8	15
NEND	3	4	2	2	0	3

Légende :

NI = Nombre des Interactions
CC = Complexité Cyclomatique
NS = Nombre des Séquences
NEI = Nombre des Erreurs Injectées
NEND = Nombre des Erreurs Non Détectées
NED = Nombre des Erreurs Détectées

Tableau 7 : Tableau récapitulatif de l'évaluation de l'environnement avec Grammatica.

6.4.3.1 Interprétation des résultats

Cette troisième étude de cas comporte, quant à elle, six diagrammes de collaboration pour un total de dix-neuf séquences *(tableau 7)*. Le tableau correspondant indique que 83% des erreurs injectées dans le code ont été détectées par l'environnement et 17% non détectées. Les différentes erreurs injectées sont les mêmes que celles présentées dans les études de cas précédentes.

Les résultats des études de cas nous montrent qu'en moyenne environ 17% des erreurs injectées n'ont pas été découvertes. Le pourcentage d'échec au niveau des erreurs est dû essentiellement à la vérification des post-conditions. Le problème de la vérification des post-conditions est relié à l'utilisation des instructions ***try*** et ***catch***. Si l'expression évaluée par la post-condition utilise une variable modifiée dans l'instruction *try*, la post condition se déclenche lorsqu'une exception est déclenchée. En d'autres termes, la gestion des exceptions au niveau d'une application peut être problématique pour l'environnement. Outre la gestion des exceptions, la surcharge des opérations constitue également une faiblesse. Les post-conditions injectées dans le code des classes sont liées au nom d'une méthode. Une méthode peut être surchargée au niveau de son nom. Par exemple, nous pourrions avoir trois méthodes différentes *x(par1, par2), x(par1), x()* au niveau du type et du nombre d'arguments mais portant le même nom de méthode x. Le problème est que lors de l'appel de l'instrumentation du code, la post-condition liée seulement à la méthode x(par1), sera évaluée pour les autres méthodes ayant le même nom. En d'autres termes, la fonction d'évaluation de la post-condition (dans sa version actuelle) prend juste en ligne de compte le nom de la méthode. Elle ne différencie pas pour le moment les méthodes surchargées. La conséquence de cette faiblesse est que la post-condition peut évaluer une expression *faux* à la suite de l'exécution d'une méthode surchargée qui n'agit aucunement sur la ou les variables prises en compte dans la post-condition.

6.5 Conclusion

Les différentes études de cas ont permis de mettre en exergue les forces ainsi que quelques faiblesses de l'environnement développé supportant la méthodologie présentée. Elle a permis de faire une évaluation expérimentale des capacités de l'environnement en termes de détection d'erreurs et d'illustrer comment les erreurs sont détectées. Les résultats des trois études de cas sont résumés par le tableau et le graphique suivants :

Système	ATM	GString	Grammatica
NC	22	38	54
NA	74	152	299
NM	76	384	434
NCUA	9	4	3
NI	64	40	54
NS	18	54	19
NEI	79	76	82
NED	69	61	71
NEND	10	15	11

Légende :

NC	=	**Nombre des Classes**
NA	=	**Nombre des Attributs**
NM	=	**Nombre des Méthodes**
NCUA	=	**Nombre des Cas d'Utilisations Utilisés**
NS	=	**Nombre des Séquences**
NI	=	**Nombre des Interactions**
NEI	=	**Nombre des Erreurs Injectées**
NEND	=	**Nombre des Erreurs Non Détectées**
NED	=	**Nombre des Erreurs Détectées**

Tableau 8 : Tableau Récapitulatif des résultats d'évaluation des études de cas.

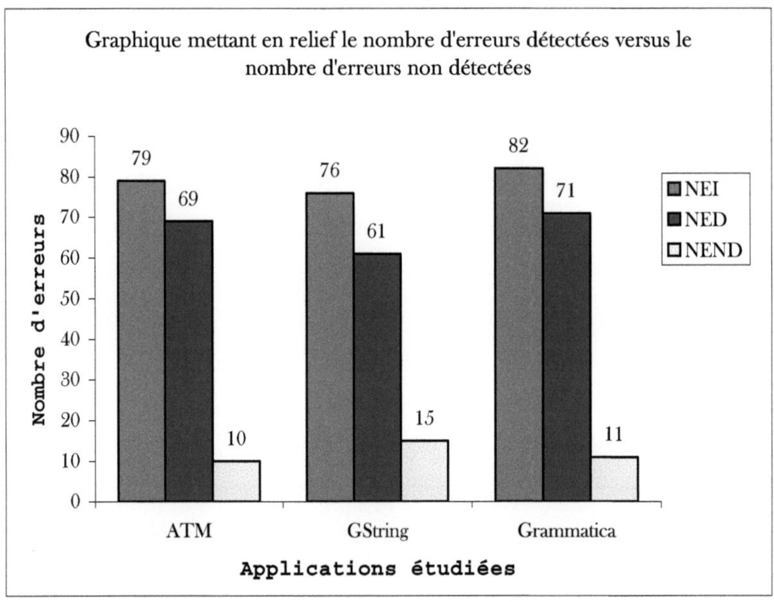

Figure 37 : Graphique mettant en relief le nombre d'erreurs détectées versus le nombre d'erreurs non détectées.

Cette étude expérimentale *(figure 37)* a montré que l'environnement développé à permis de détecter jusqu'à 80% des erreurs injectées (relatives aux interactions entre classes). Elle représente néanmoins une première évaluation expérimentale. D'autres études expérimentales pourront éventuellement affiner les résultats obtenus. L'environnement développé offre un support intéressant au processus de test dans le développement. Son étape d'instrumentation, grâce à l'insertion de marqueurs dans chacune des méthodes des classes du système sous test, permet de suivre pas à pas le chemin emprunté par le programme lors de l'exécution d'une séquence. Elle permet au programmeur de vérifier si l'implémentation est en concordance avec les spécifications décrites par les diagrammes de collaboration. Cependant, l'environnement développé possède quelques petites faiblesses faciles à corriger. Elles sont essentiellement reliées au fait que les méthodes surchargées n'ont pas été prises en compte dans la version actuelle de l'environnement. Une des extensions futures de l'environnement serait de les intégrer. L’injection d’une post-condition pour un message existant dans la description LDC devrait, dans ce sens, prendre en compte la surcharge des méthodes de classes. Par ailleurs, la gestion des exceptions peut parfois conduire à une non vérification des post-conditions.

CHAPITRE

7

CONCLUSIONS ET TRAVAUX FUTURS

Le processus de test orienté objet décrit dans le présent mémoire repose sur les interactions dynamiques entre les différents groupes d'objets collaborant, interactions spécifiées dans les diagrammes de collaboration. Il supporte une vérification incrémentale de l'implémentation des cas d'utilisation d'un système et présente plusieurs avantages relativement aux approches basées sur le code. Par ailleurs, l'approche adoptée prend en compte la complexité des cas d'utilisation pour l'orientation du processus de test.

La technique de génération des séquences de test implémentée est basée sur une description formelle du comportement collectif de groupes d'objets, en particulier, le concept de post-condition relative aux messages. Ceci donne une base solide au processus de vérification. Cette technique permet, pour chaque cas d'utilisation ou une opération complexe d'un objet, à partir d'une analyse statique de la description formelle du diagramme de collaboration correspondant, la génération d'un ensemble de séquences de test appropriées. Ces dernières prennent en compte non seulement les interactions entre les objets mais aussi les différents aspects relatifs à leur contrôle. Chaque séquence correspond, en fait, à un scénario particulier du cas d'utilisation, spécifié durant les phases d'analyse et de conception. L'objectif est de couvrir, en utilisant les séquences générées, le plus grand nombre d'exécutions possibles d'un cas d'utilisation et de s'assurer, grâce au processus de vérification, de leur conformité à la spécification.

Le processus de vérification est supporté partiellement par l'instrumentation du code du programme sous test. Toute déviation de la séquence exécutée relativement à celle qui est attendue est détectée par l'environnement et est considérée comme une défaillance. L'utilisateur intervient durant ce processus pour vérifier les résultats de l'exécution du cas d'utilisation qui ne sont pas spécifiés dans les post-conditions. Les séquences engendrées sont exécutées de façon incrémentale. L'analyse des traces d'exécution permet de vérifier la satisfaction des critères de test retenus en évaluant les couvertures correspondantes.

L'environnement développé a été expérimenté sur de simples projets Java. Nous prévoyons, dans nos futurs travaux, de l'utiliser dans le contexte de projets de taille importante.

ANNEXES

Annexe A :

Grammaire du Langage de Description des Diagrammes de Collaboration (LDC)

<diagramme_collaboration> ::= **Diagramme** <identificateur_diagramme>
<corps_diagramme>
Fin_Diagramme

<identificateur_diagramme> ::= <identificateur>

<corps_diagramme> ::= <declarations> <messages_objets>

<declarations> ::= <declarations_objets> <declarations_messages>

<declarations_objets> ::= **Objets_Impliqués :** <liste_objets>;

<declarations_messages> ::= **Messages_Impliqués :** <liste_messages>;

<liste_objets> ::= <objet> {,<objet>}

<liste_messages> ::= <identificateur> {,<identificateur>}

<messages_objets> ::= <description_message> {<description_message>}

<description_message> ::= **Message** <identificateur_message>
<corps_message>
Fin_Message

<identificateur_message> ::= <identificateur>

<corps_message> ::= **Prédecesseurs :** [<sequence_expression>]

Séquence_Expression : <sequence_expression>

Préconditions : [<condition>]

Postconditions : [<condition>]

Valeur_Retour : [<valeur_retour>]

Arguments : [<liste_arguments>]

Objet_Destination : <objet>

Objet_Départ : <objet>

<sequence_expression> ::= <numero_sequence> [<code_iteration>]

<numero_sequence> ::= <ordre> {. <ordre>}

<ordre> ::= <entier> [<lettre_choix>]

<code_iteration> ::= (**R**|**T**|**P**) <numero_iteration>

<numero_iteration> ::= <entier>

<condition> ::= <expP> | **(**<expression>**)**

<expF> ::= <identificateur> **:=** <entier>**..**<entier>

<expression> ::= <sous-expression> {(**&&** | **||**) <sous_expression>}

<sous_expression> ::= <identificateur> [<suite_expression>] |
[**!**]<identificateur>

<suite_expression> ::= <operateur><identificateur>

<operateur> ::= == | < | <= | >= | > | != | + | - | / | :=

<valeur_retour> ::= <identificateur>

<liste_arguments> ::= **(**<argument> {,<argument>}**)**

<argument> ::= <identificateur>

<objet> ::= <identificateur>

Annexe B :

Exemple de description d'un diagramme de collaboration avec le langage LDC

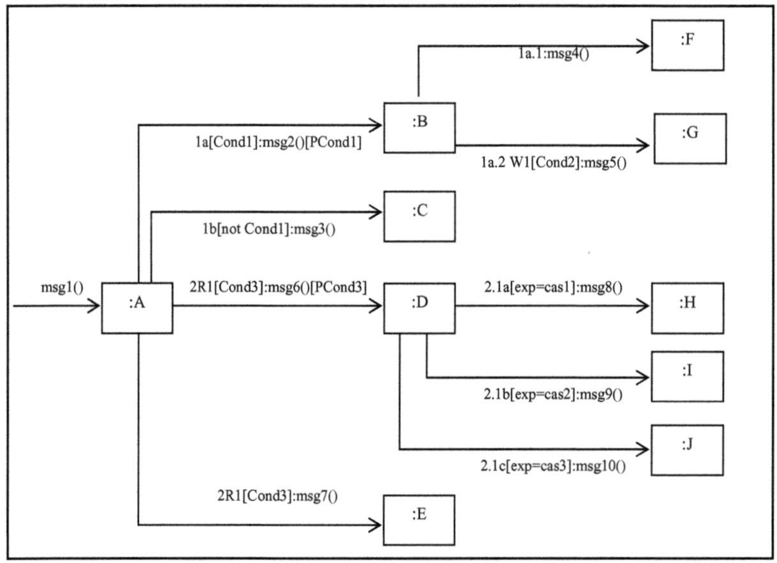

Figure 38: Exemple de diagramme de collaboration.

```
Diagramme msg1
  Objets_impliqués: A, B, C, D, E, F, G, H, I, J;
  Messages_impliqués: msg2, ms3, msg4, msg5, msg6, msg7, msg8, msg9, msg10

  Message msg2
    Prédécesseurs:
    Séquence_Expression: 1a
    Préconditions: (Cond1)
    Postconditions: (PCond1)
    Valeur_Retour:
    Arguments:
    Objet_Desrination: B
    Objet_Départ: A
  Fin_Message
  Message msg3
    Prédécesseurs:
    Séquence_Expression: 1b
    Préconditions: (not Cond1)
    Postconditions:
    Valeur_Retour:
    Arguments:
    Objet_Desrination: C
    Objet_Départ: A
  Fin_Message
  Message msg4
    Prédécesseurs:
    Séquence_Expression: 1a.1
    Préconditions:
    Postconditions:
    Valeur_Retour:
    Arguments:
    Objet_Desrination: F
    Objet_Départ: B
  Fin_Message
  Message msg5
    Prédécesseurs:
    Séquence_Expression: 1a.2:W1
    Préconditions: (Cond2)
    Postconditions:
    Valeur_Retour:
    Arguments:
    Objet_Desrination: G
    Objet_Départ: B
  Fin_Message
  Message msg6
    Prédécesseurs:
    Séquence_Expression: 2:R1
    Préconditions: (Cond3)
    Postconditions: (PCond3)
    Valeur_Retour:
    Arguments:
    Objet_Desrination: D
    Objet_Départ: A
  Fin_Message
  Message msg8
    Prédécesseurs:
    Séquence_Expression: 2.1a
    Préconditions: (exp == cas1)
    Postconditions:
    Valeur_Retour:
    Arguments:
    Objet_Desrination: H
    Objet_Départ: D
  Fin_Message
  Message msg9
    Prédécesseurs:
    Séquence_Expression: 2.1b
    Préconditions: (exp == cas2)
    Postconditions:
    Valeur_Retour:
    Arguments:
    Objet_Desrination: I
    Objet_Départ: D
  Fin_Message
  Message msg10
    Prédécesseurs:
    Séquence_Expression: 2.1c
    Préconditions: (exp = cas3)
    Postconditions:
    Valeur_Retour:
    Arguments:
    Objet_Desrination: J
    Objet_Départ: D
  Fin_Message
```

Figure 39: Fichier LDC correspondant du diagramme de collaboration ci haut.

Annexe C :

Classe Test générée par l'environnement pour l'exécution d'une séquence de test

```
import java.io.*;
import javax.swing.UIManager;
import java.awt.*;

 public class Test extends Thread
{
  private static PrintWriter fileResult;
  private static PrintWriter fileExecuted;
  private static PrintWriter seqExecuted;
  private static PrintTrace affichage;
  private static String[] debugString;
  private static String seqExc = new String();
  private static int index;

  private static AppliLDC affichageErreur = new AppliLDC();
  boolean packFrame = false;

   public Test(String seq) {
    PrintTrace frame = new PrintTrace();
    if (packFrame)
      frame.pack();
    else
      frame.validate();
    Dimension screenSize = Toolkit.getDefaultToolkit().getScreenSize();
    Dimension frameSize = frame.getSize();
```

```
        if (frameSize.height > screenSize.height)
          frameSize.height = screenSize.height;
        if (frameSize.width > screenSize.width)
          frameSize.width = screenSize.width;
        frame.setLocation((screenSize.width - frameSize.width) / 2,
(screenSize.height –
                            frameSize.height) / 2);
        frame.setVisible(true);
        seqExc = seq;
        this.affichageErreur = affichageErreur;
        try
        {
          fileResult = new PrintWriter(new FileWriter("resultatTrace.txt"));
          fileExecuted = new PrintWriter(new FileWriter("fileExecuted.txt"));
          this.seqExecuted = new PrintWriter(new
FileWriter("seqExecuted.txt"));
          BufferedReader data = new BufferedReader(new
FileReader("data.txt"));
          String readLine = new String(data.readLine());
          data.close();
          debugString = readLine.trim().split(";");
          index = 0;
        }
          catch (IOException ioexc)
          {
            ioexc.printStackTrace();
          }
    }
```

```
 public static void loadListSequenceNormal()
{
  affichage.load(debugString);
}

 public static void writePostPre(String chaine,String chaine2,String
chaine3)
{
  affichage.printErrorPostPre(chaine,chaine2,chaine3);
  affichage.selectErrorMessage(debugString[index-1]);
}

 public static void ecrire(String message)
{
  fileResult.println(message);
  affichage.print(message);
}

 public static void checkDebug(String chaine)
{
  if (index == debugString.length)
  {
    affichage.printError("end of sequences");
    stopExit();
  }
  if (!chaine.equals(debugString[index++].trim())){

    affichage.selectErrorMessage(chaine);
    stopAndExit(0);
```

```
        }
        fileExecuted.println(chaine);
    }
      public static void stopExit()
    {
        try
        {
          sleep(60000);
          fileExecuted.close();
        }
           catch(InterruptedException intexc){}
        System.exit(0);
    }

     public static void stopAndExit(int stop)
    {
        if (stop == 1)
          seqExc = "seqErreur";

        String result = affichageErreur.checkSequenceTrace(seqExc);

        if (result.equals("The produced sequence is in accordance with the
expected one"))
          seqExecuted.println(seqExc);

        affichage.printError(result);
        try{
          fileExecuted.close();
          seqExecuted.close();
          sleep(60000);    }
```

```
        catch(InterruptedException intexc){}
      System.exit(0);
    }

    public static void main(String[] args)throws IOException{
      try {
UIManager.setLookAndFeel(UIManager.getSystemLookAndFeelClassName(
));
      }
          catch(Exception e) {
            e.printStackTrace();
          }
      new Test("TestApp:createAccountCustomer();
  BankAccountCustomer:BankAccountCustomer();
  BankAccount:BankAccount();
  BankAccountCustomer:addAccount();
  BankAccountCustomer:canOpenAccount();
  BankAccountCustomer:numberOfAccounts()");
      loadListSequenceNormal();
      TestApp seqTest = new  TestApp();
      seqTest.createAccountCustomer();
      fileResult.close();
      fileExecuted.close();
      stopAndExit(2);}
  }
```

Annexe D :

Méthode permettant l'exécution d'un programme en parallèle

```
private boolean runCommand(String cmdLine)
  {
    String s = null;
    boolean erreurCompilation = false;
    try {
      sectionTrace.append("exécution-->" + cmdLine + "\n");
      executeProgram = Runtime.getRuntime().exec(cmdLine);
      BufferedReader stdError = new BufferedReader(new
        InputStreamReader(executeProgram.getErrorStream()));

      BufferedReader in = new BufferedReader(new
                InputStreamReader(executeProgram.getInputStream()));

         // read any errors from the attempted command
      while ((s = stdError.readLine()) != null) {
        sectionErrors.append(s+"\n");
        erreurCompilation = true;
      }

      while ((s = in.readLine()) != null) {
        sectionErrors.append(s+"\n");
      }
    }
      catch (IOException ioexc) {
        choixAffichage.setSelectedIndex(2);
        sectionErrors.append("Erreur d'exécution ");
        ioexc.printStackTrace();
```

```
        erreurCompilation = true;
      }

    return erreurCompilation;
}
```

RÉFÉRENCES

[Abd00a] Aynur Abdurazik, Paul Ammann, Wei Ding Jeff Offutt, "Evaluation of Three Specification-Based Testing Criteria", *Sixth IEEE International Conference on Engineering of Complex, Computer Systems (ICECCS 2000)* , Tokyo, Japon, 2000.

[Abd00b] Aynur Abdurazik, Jeff Offutt, "Using UML Collaboration Diagrams for Static Checking And Test Generation", *The Third International Conference on the Unified Modeling Language (UML'00),* York, UK, 2000.

[Amm94] Paul Ammann and A. J. Offutt., "Using Formal Methods to Derive Test Frames in Category-partition testing", *Proceedings of the Ninth Annual Conference on Computer Assurance ,COMPASS*, 1994.

[Amm00] Paul E. Amman, Paul E. Black, "Test Generation and Recognition with Formal Methods", *The First International Workshop on Automated Program Analysis, Testing and Verification*, Limerick, Ireland, 2000.

[Ant02] G. Antoniol, L. C. Briand, M. Di Penta, Y. Labiche, "Case Study Using the Round-Trip Strategy for State-Based Class Testing", *Carleton University TR SCE-01-08*, 2002.

[Bad95] Mourad Badri, Linda Badri and Soumia Layachi, "Vers une stratégie de tests unitaires et d'Intégration des classes dans les applications orientées objet", *Revue Génie Logiciel, N. 38*, France, 1995.

[Bad96] Mourad Badri, Linda Badri, "Test fonctionnel des classes : Une approche incrémentale basée sur le comportement des objets", *9èmes Journées Internationales « Génie Logiciel & Ingénierie de Systèmes et leurs Applications », (ICSSEA96), Paris, 1996, In Génie Logiciel, n°42, 1996.*

[Bad99] Mourad Badri, Linda Badri, "Génération incrémentale de séquences de test fonctionnel des classes: Vers une approche formelle basée sur l'héritage du comportement des objets", *12ième Journées Internationales « Génie Logiciel & Ingénierie de Systèmes et leurs Applications », (ICSSEA96),* Publications du CNAM-CMSL, Paris, 1999.

[Bad02a] Mourad Badri and Linda Badri, "Génération de tests à partir des diagrammes de collaboration UML", *Revue Génie Logiciel, n° 60*, France, 2002.

[Bad02b] Mourad Badri, Linda Badri, "Test Sequences Generation from UML Diagrams Collaborations : Towards a Formal Approach", *6th IASTED International Conference on Software Engineering and Applications, SEA 2002*, Cambridge, USA, 2002.

[Bad03a] Mourad Badri, Linda Badri and Marius Naha, "Un environnement de test pour la validation des cas d'utilisation", *Revue Génie Logiciel, N0 67 (Numéro spécial - Test de logiciels),* Paris, France, 2003.

[Bad03b] Mourad Badri, Linda Badri and Marius Naha, "Towards An Environment Supporting A Use Case Driven Testing Process", *16th International Conference on Software & Systems Engineering and their Applications (ICSSEA'03)*, Paris, France, 2003.

[Bad04] Mourad Badri, Linda Badri and Marius Naha, "A Use Case Driven Testing Process: Towards a Formal Approach Based on UML Collaboration Diagrams", *3rd International Workshop on Formal Approaches to Testing Of Software (FATES 2003),2003. In LNCS (Lecture Notes in Computer Science) 2931*, Springer-Verlag, Janvier 2004.

[Bar94] Stéphane Barbey, Alfred Strohmeier, "The Problematic of Testing Object-Oriented Software", *Second Conference on Software Quality Management, Volume 2, SQM'94*, Edinburgh, Scotland, UK, 1994.

[Bar96] Stéphane Barbey, Didier Buchs, Cécile Péraire, "A Theory of Specification-Based Testing for Object-Oriented Software", *Proceedings of EDCC2 (European Dependable Computing Conference),* Taormina, Italy, 1996.

[Bau00a] B. Baudry, H. Vu Le, J. M. Jézéquel, Y. Le Traon, "Building Trust into OO Components using a Genetic Analogy", Proceedings of the 11th International Symposium on Sotware Reliability Engineering, ISSRE'2K, 2000.

[Bau00b] B. Baudry, H. Vu Le, Y. Le Traon, "Building Trust into OO Components using a Genetic Analogy", *Proceedings of the Technology of Object-Oriened Languages and Systems Conference ,TOOLS-Europe*, 2000.

[Bei90] Beizer, Boris., "Software Testing Techniques. Second Edition.", *Van Nostrand Reinhold*, New York , 1990.

[Ben03] Richard Bender, "Introduction to Requirements-based Testing", *Borland Conference, BorCon*, San Jose, California, 2003.

[Bin94] Robert V. Binder, "Testing Object-Oriented Systems: A Status Report", *American Programmer, Volume 7*, 1994.

[Bin99] Robert V. Binder, "Testing Object-Oriented Systems Models, Patterns and Tools", *Addison Wesley, ISBN 0-201-80938-9*, 1994.

[Boe79] Boehm, B.W., Abts, C., et al , "Software Cost Estimation with COCOMO II..", *Upper Saddle River, NJ: Prentice Hall*, 2000.

[Boo91] G. Booch,"Object-Oriented Design with Applications", *Benjamin Cummings*, 1991.

[Boo94] G. Booch, "Object-Oriented Design with Applications", *Benjamin Cummings, 2nd Edition*, 1994

[Bou86] L. Bougé, N. Choquet, L. Fribourg, and M.-C. Gaudel, "Test sets Generation from Algebraic Specifications using logic programming", *The Journal of Systems and Software*, 1986.

[Bri01] Lionel Briand, Yvan Labiche, "A UML-Based Approach to System Testing", *Proceedings of the 4th International Conference in Unified Modeling language (UML 2001), volume 2185 of Lecture Notes in Computer Science, Springer-Verlag*, Berlin, Germany, 2001.

[Bri02] L. Briand, J. Fang and Y. Alice, "Using Genetic Algorithms and Coupling Measures to Devise Optimal Integration Test Orders", *14th ACM International Conference on Software Engineering and Knowledge Engineering*, Itchier , Italy, 2002.

[Brie92] S. M. Brien, J. E. Nicholls, "Z Base Standard, Version 1.0" , *Oxford Computing Laboratory*, 1992.

[Bol94] T. Bolognesi, J. v.d. Lagemaat, C. A. Vissers, "LOTOSphere: Software development with LOTOS", *Kluwer Academic Publishers*, 1994.

[Bou00] A.S. Boujarwah, K. Saleh and J. Al-Dalla, "Dynamic data Flow Analysis for Java Programs", *Journal of Information and Software Technology*, 2000.

[Bsi89] British Standards Institution, "VDM Specification Language: Proto-Standard. IST/5/50", June 1989.

[Bur00] Simon Burton, John Clark, John McDermid, "Testing, Proof and Automation. An Integrated Approach", *1st International Workshop on Automated Program Analysis, Testing and Verification*, 2000.

[Car98] R.H. carver and K.-C. Tai, "Use of Sequencing Constraints for Specification-Based Testing of Concurrent Programs", *IEEE Transactions on Software Engineering*, 1998.

[Chan02] W. K. Chan, T. Y. Chen, T. H. Tse, "An Overview of Integration Testing Techniques for Object-Oriented Programs", *Proceedings of the 2nd ACIS Annual International Conference on Computer and Information Science*, 2002.

[Che96] Jian Chen, Shaoying Liu, "An Approach to Testing Object-Oriented Formal Specifications" , *Proceedings of TOOLS Pacific 96, TOOLS/ISE*, Melborne, Australia, 1996.

[Chen97] T. Y. Chen and C. K. Low, "Error Detection in C++ through Dynamic Data Flow Analysis", *Software: Concepts and Tools*, 1997.

[Chen01] H. Y. Chen, T. H. Tse and T. Y. Chen, "TACCLE: A Methodology for Object-Oriented Software testing at the Class and Cluster Levels", *ACM Transactions on Software Engineering and Methodology*, 2001.

[Cheu96] S.C Cheung and J. Kramer, "Context constraints for Compositional Reachability Analysis", *ACM Transactions on Software Engineering and Methodlogy*, 1996.

[Chu92] Chung, Chi-Ming , Ming-Chi Lee, “Object Orient Programming Testing Methodology”, *Proceeding of The Fourth International Conference on Software Engineering and Knowledge Engineering, IEEE Computer Society press*, 1992

[Clw94] C.-M. Chung, M.-C. Lee & C.-C. Wang, "Inheritance testing for OO programming by transitive closure strategies", *Advances in Modeling and Analysis, B 31(2)*, pp. 57-64, 1994.

[Daw91] Dawes J., "The VDM-SL Reference Guide”, *Pitman*, London, 1991.

[Dev00] D. Deveaux, R. Fleurquin, P. Frison, J-M. Jézéquel and Y. Le Traon, "Composants Objets Fiables : Une Approche Pragmatique", *L'Objet No 5*, 2000.

[Dic93] J. Dick and A. Faivre,"Automating the generation and sequencing of test Cases from Model-based Specifications", *Proceedings of FME '93: Industrial-Strength Formal Methods,* Denmark, 1993.

[Doo94] R.-K. Doong and P. G. Frankl, "The ASTOOT Approach to Testing Object-Oriented Programs", *ACM Transactions on Software Engineering and Methodology*, 1994.

[Duk91] Duke, R., King, P., Rose, G. and Smith G., " The Object-Z Specification Language-Version 1", Technical Report No 91-1, *Software Verification Research Centre*, The University of Queensland, 1991.

[Fag76] Fagan, M. E, "Design And Code Inspections to Reduce Errors in Programm Development", *IBM Systems J.*, 1976.

[Fag86] Fagan, M. E, "Advances in Software Inspections ", *IEEE Transactions On Software Engineering*, 1986.

[Feg94] Feghali, I. and A. Watson, "Clarification Concerning Modularization and McCabe's Cyclomatic Complexity", *Communications of the ACM*, 1994.

[Fro00] Peter Frolish, Johannes Link, "Automated Test Case Generation from Dynamic Models", *Proceedings of the 14th European Conference on Object-Programming* , 2000.

[Gil94] T. Giltinan, "Leveraging Inheritance to Test Objects", *Software Quality Engineering* , Jacksonville, 1994.

[Gra00] Graeme Smith,"The Object-Z Specification Language", *luwer Academic Publishers, ISBN 0-7923-8684-1*, 2000.

[Gre96] Gregor Engels, L. P. J. Groenewegen, and G. Kappal, "Object-Oriented Specification of Coordinated Collaboration ", *Proceedings of the IFIP World Conference on IT Tools*, 1996.

[Gut93] Guttag , J., Horning, et al., "Larch: Languages and Tools for Formal Specification", *Heidelberg: Springer-Verlag*, 1993.

[Hay94] Jane Huffman Hayes, “Testing Object-Oriented Programming Systems (OOPS): A Fault Based Approach”, *The Proceeding of the International Symposium on Object Oriented Methodology and Systems (ISOOMS),* 1994.

[Hoa85] Hoare, C. A. R., "Communications Sequential Process", *Prentice Hall*, London, 1985.

[Hor95] Hans-Martin Horsher , Erich Mikk, "Improve Software Tests Using Z Specifications", *Proceedings of the 9th International Conference of Z Usres on The Z Formal Specification Notation, Lectures Notes in Computer Science, ISBN 3-540-60271-2,* Springer-Verlag, London, 1995.

[Hun02] Theresa Hunt, "Basis Path Testing", International Conference on Software Testing Analysis and Review, *STAREAST 2002*, Florida, 2002.

[Hung01] Hung Ledang,"Des cas d'utilisation à une spécification B", *Approches Formelles dans l'Assistance au Développement de Logiciels, AFADL*, 2001.

[Hung03] Hung Ledang, Jeanine Souquières, and Sébastien Charles., "Argo/UML B: un outil de transformation systématique de spécification UML en B", *Approches Formelles dans l'Assistance au Développement de Logiciels, AFADL*, 2003.

[IEEE82] IEEE 729-1983, *Glossary of Software Engineering Terminology*, September 23, 1982.

[IEEE99] IEEE Standards Software Engineering, Volume 1,"IEEE Standard Glossary of Software Engineering Terminology", *IEEE Std. 610-1990, The Institute of Electrical and Electronics Engineers, ISBN 0-7381-1559-2*, 1999.

[Joh96] Morris S. Johnson Jr, "A survey of testing techniques for object-oriented systems", *Proceedings of the conference of the Centre for Advanced Studies on Collaborative research*, 1996.

[Jon90] Jones C. B., "Systematic Software Development Using VDM", *Prentice-Hall*, 1990.

[Jon96] Jonathan Bowen, "Formal Specification and Documentation using Z: A Case Study Approach", *International Thomson Computer Press, International Thomson Publishing*, 1996.

[Kab98] Carina Kabajunga and Rob Pooley, "Simulating UML Sequence Diagrams", *Rob Pooley and Nigel Thomas, editors, UK PEW 1998, UK Performance Engineering Workshop*, 1998.

[Kim99] Y.G. Kim, H.S Hong, S. M. Cho, D.H. Bae et S.D Cha., "Test Case Generation from UML State Diagrams", *IEEE Proceedings-Software, Volume 146*, 1999

[Kop02] P.V. Koppol, R.H. Carver and K.-C Tai, "Incremental Integration Testing of Concurrent Programs", *IEEE Transactions on Software Engineering, Volume 28, IEEE Press, Piscataway*, NJ, USA, 2002

[Kun95] D.C. Kung, J. Gao, P. Shia, Y. Toyoshima, C. Chen, Y. Kim and Y. Song, "Developping an Object-Oriented Software Testing and Maintenance Environment", *Communications of the ACM*, 1995.

[Kuo99] Kuo Chung Tai and Fonda J. Daniels, "Interclass Test Order for Object-Oriented Software", *Journal of Object-Oriented Programming, Vol. 12*, 1999.

[Lab97] Yvan Labiche, "On testing Object-Oriented Programs", *7th ECOOP Workshop for Doctoral Students in Object-Oriented Systems, Jyvaskyla*, Finlande, 1997.

[Lan96] Kevin Lano, "The B Language and Method: A Guide to Practical Formal Development", *Springer-Verlag FACIT series, UK, ISBN 3-540-76033-4*, 1996.

[Lej92] M. Lejter, S. Meyers and S. Reiss, "Support for Maintaining Object-Oriented Programs", *IEEE Transactions on Software Engineering*, 1992.

[LeTra99] Y. Le Traon, T. Jéron, J.M. Jézéquel, P. Morel, "Self-Testable Components : From Pragmatic Tests to A Design-For-Testability Methodology", *Proceedings of the Technology of Object-Oriened Languages and Systems Conference* ,TOOLS-Europe, 1999.

[LeTra00] Y. Le Traon, T. Jerome, J. M. Bezique and P. Morel, "Efficient Object-Oriented Integration And Regression Testing", *IEEE Transactions on Reliability, vol. 49 (1)*, 2000.

[Lye01] S. Lyer and S. ramesh. "Apportioning: A Technique for Efficient Reachability Analysis of Concurrent Object-Oriented Programs", *IEEE Transactions on Software Engineering*, 2001.

[Mau04] Mauro Pezzè, Michal Young, "Testing Object Oriented Software", *26th International Conference on Software Engineering (ICSE 2004), Edinburgh*, United Kingdom, 2004.

[Mcc76] Thomas J. McCabe, "A Software Complexity Measure", *IEEE Transactons Software Engineering, Volume SE-2*, 1976.

[Mcc82] Thomas J. McCabe, "Structured Testing: A Software Testing Methodology Using the Cyclomatic Complexity Metric", *NBS Special Publication, National Bureau of Standards*, 1982.

[Mcc89] McCabe T. and C. Butler, "Design Complexity Measurement and Testing", *Communications of the ACM*, 1989.

[Mcd94] R. Mc Daniel and J. Mc Gregor,"Testing the Polymorphic Interactions Between Class", *Technical Report TR94-103, Department of Computer Scienc*e, Clemson University, 1994.

[Mei97] Mei-Chen Hsueh, Timothy K. Tsaï, Ravishankar K. Iyer, "Fault Injection Techniques and Tools", *IEEE Computer Society Press,* Los Alamitos, CA, USA , April 1997

[Mil92] K. L. McMillan, "The SMV system, symbolic model checking – an approach", *Technical report CMU-CS-92-131*, Carnegic Mellon University, 1992.

[Obj03] Object Management Group,"OMG UML Specification Version 1.5", 2003.

[Off95] A. Jefferson Offutt, "A Practical System for Mutation Testing: Help for the Common Programmer", *Twelfth International Conference on Testing Computer Software*, 1995.

[Off96a] A. Jefferson Offutt, Jeffrey M. Voas, “Subsumption of Condition Coverage Techniques by Mutation Testing”, *Technical Report ISSE-TR-96-01*, George Mason University, 1996.

[Off96b] A. Jefferson Offutt, Jie Pan, Kanupriya Tewary, Tong Zhang, "An Experimental Evaluation of Data Flow and Mutation Testing", *Software Practice and Experience*, 1996.

[Off99a] A. Jefferson Offutt, Tiwei Xiong, Shaoying Liu, "Criteria for generating specification-based tests", *Fifth IEEE International Conference on Engineering of Complex Computer Systems (ICECCS '99)*, Las Vegas, NV, 1999.

[Off99b] A. Jefferson Offutt, Shaoying Liu, "Generating Test Data from SOFL Specifications", *Journal of Systems and Software, Volume 49 , Issue 1*, 1999.

[Off99c] A. Jefferson Offutt, Aynur Abdurazik, "Generating Test Cases from UML Specifications", *Proceeding of the 2nd International Conference on the Unified Modeling Language (UML99),* Fort Collins, CO, 1999.

[Off03] Jefferson Offutt, Shaoying Liu, Aynur Abdurazik, Paul Ammann, "Generating Test Data from State-Based Specifications", *The Journal of Software Testing, Verification and Reliability*, 2003.

[Pet81] Peterson, J.L., "Petri Net Theory and the Modeling of the Systems", *New-York: McGraw-Hill*, 1981.

[Poo95] J.P. Poole, "A Method to Determine a Basis Set of Paths to Perform Program Testing", *NIST IR 5737*, 1995.

[Press97] Roger S. Pressman, "Software Engineering A Practitioner's Approach", *The McGraw-hill Companies, Inc, Fourth Edition, ISBN 0-07-052182-4*, 1997

[Press01] Roger S. Pressman, "Software Engineering A Practitioner's Approach", *The McGraw-hill Companies, Inc, Fifth Edition, ISBN 0-07-285318-2*, 2001.

[Press04] Roger S. Pressman, "Software Engineering A Practitioner's Approach", *The McGraw-hill Companies, Inc, Sixth Edition, ISBN 0-07-285318-2*, 2004.

[Ric89] Debra J.Richardson, Owen O'Malley, Cindy Title, "Approaches to specification-based testing", *ACM SIGSOFT Software Engineering Notes Volume 14* , 1989.

[Ric93] Rich DeMillo, A. Jefferson Offutt, "Experimental Results an Automatic Test Case Generator", *ACM Transactions on Software Engineering Methodology Volume* 2, 1993.

[Ric99] Debra J.Richardson, "DAS-BOOT: Design- And Specification -Based Object-Oriented Testing", *ACM SIGSOFT Software Engineering Notes Volume 25,* 1999.

[Rum91] James Rumbaugh, Michael Blaha, William Premerlani, Frederik Eddy And William Lorensen, "Object-Oriented Modeling and Design", *Prentice Hall, Englewood Cliffs*, New Jersey 07632, 1991.

[Rum99] Rumbaugh, Jacobson, and Booch, "The Unified Modeling Language Reference Manual", *Addison-Wesley, Reading*, MA, 1999.

[Rys98] Johannes Ryser, Stefan Berner, Martin Glinz, "On the State of the Art in Requirements-Based Validation and Test of Software", *Technical Report 98-12, Institut für Informatik*, University of Zurich, 1998.

[Rys99] Johannes Ryser, Martin Glinz, "A Scenario-Based Approach to Validating and Testing Software Systems Using Statecharts", *Proceedings QWE'99: Third International Software Quality Week Europe*, Brussels, 1999.

[Sal01] K. Saleh, A.A. Boujarwah and J. Al-Dallal, "Anaomaly Detection in Concurrent Java Programs using Dynamic Data Flow Analysis", *Information and Software Technology*, 2001

[Som04] Ian Sommerville, "Software Engineering, Seventh Edition", *Pearson Education Limited, ISBN 0-321-21026-3*, England, 2004.

[Spi88] Spivey J.M, "Understanding Z: A Specification Language and its Formal Semantics", *Cambridge University Press ISBN 0521334292*, 1988.

[Spi92] Spivey J.M, Abrial, J.-R, "The Z Notation: A Reference Manual", *Prentice Hall International, Series in Computer Science, ISBN 0-139-78529-9*, 1992.

[Tai89] Tai, K. C., "What to Do Beyond Branch Testing", *ACM Software Engineering Notes, Volume 4*, 1989.

[Tar72] R. Tarjan, "Depth-first Search and Linear Graph Algorithms", *SIAM J. Comput., Vol.1, n 2, ISSN 1064-8275*, 1972.

[Tse96] T.H. Tse, Zhinong Xu, "Test Case generation for Class-Level Object-Oriented Object", *Proceedings of 9th International Software Quality Week (QW'99)*, San Francisco, California, 1999.

[Tur92] C.D Turner, Dr D. J. Robson, "A Suite of Tools for the State-Based testing Object-Oriented Programs" , *Technical Report TR-14/92Computer Science Division, School of Engineering and Computer Science (SECS),University of Durham (UK)* , England, 1992

[Tur93] K. J. Turner, "Using formal description techniques - An Introduction to Estelle, LOTOS and SDL", *Wiley*, 1993.

[Win90] Wing, J. M., "A Specifier's Introduction to Formal Methods", *Computer, Volume 23 No 9*, 1990.

[Wit01a] Jeremiah Wittevrongel, Frank Maurer, "Using UML to Partially Automate Generation of Scenario-Based Test Drivers" , *7th International Conference on Object Oriented Information Systems (OOIS 2001),* 2001.

[Wit01b] Jeremiah Wittevrongel, Frank Maurer, "SCENTOR: Scenario-Based Testing of E-Business Applications", *Tenth IEEE International Workshops on Enabling Technologies: Infrastructure for Collaborative Enterprises* , 2001.

[Wal96] D.R. Wallace, Editor, "Structured Testing: A Testing Methodology Using the Cyclomatic Complexity Metric", *NIST SP 500-235*, 1996.

[Wat95] Watson, A., "Why Basis Path Testing?", *McCabe & Associates Outlook*, Winter ,1995.

[Xan00] S. Xanthakis, P. Régnier, C. Karapoulios, "Le Test des Logiciels", *Hermes, ISBN 2-7462-0083-X*, 2000.

Printed by Books on Demand GmbH, Norderstedt / Germany